La magia de la palabra

Rita Wirkala, PhD

La magía de la palabra

Guía para la escritura creativa en español

Volumen 1

All Bilingual Press

© **del texto:** Rita Sturam Wirkala, 2020
© **de esta edición:** All Bilingual Press, 2020

Diseño de la portada: Rita Wirkala / Matt Schutte
Correctora: Lupe Rodríguez Santizo
https://www.linkedin.com/in/luperodriguezsantizo/

Todos los derechos reservados. Queda prohibida cualquier forma de reproducción, distribución, comunicación pública y trasformación de esta obra sin contar con autorización de los titulares de la propiedad intelectual. La infracción de los derechos mencionados puede ser constitutiva de delito contra la propiedad intelectual.

Impreso en U.S.A.

SEGUNDA EDICIÓN

ISBN: 978-1-7350932-3-9

Otras obras de la autora

Novelas

El Encuentro- Ed. Pearson, Madrid, 2011

(Premiada en el *International Latino Book Award,* 2011*)*

The Encounter – ABP, Seattle, 2014

(Premiada en el *Books into Movies Award,* 2014)

Las aguas del Kalahari- ABP, Seattle, 2018

(Premiada en el *International Latino Book Award,* 2019*)*

Novelas juveniles

Tarsiana, ABP (Bilingüe español-inglés), 2011

Tales for The Dreamer- Hoopoe Books, Los Altos, 2018

Cuentos para El Soñador – ABP, Seattle, 2019

Crónicas y Cuentos

Los huesitos de mamá y otros relatos, Ed. Laborde, Argentina, 2018

Poesía infantil y juvenil

Mis primeros poemas, ABP, 2014

Poemas para chicos y grandes, ABP, Vol. 1, 2013

Poemas para chicos y grandes, ABP, Vol. 2, 2015

Tesis doctoral

Huellas del misticismo islámico en el *Libro de Buen Amor,* 2004

A word is dead
when it is said,
some say.
I say it just begins
to live that day.

Una palabra está muerta
cuando se la dice,
oí decir.
Yo digo que solo empieza
ese día a vivir.

Emily Dickinson

ÍNDICE

Introducción, *1*

1. Antes de comenzar, *5*

    Ante todo: leer, *5*
    ¿Quién puede escribir?, *6*
    ¿Por qué escribimos?, *7*
    ¿Cuándo y dónde escribimos?, *11*
    ¿Sobre qué escribimos?, *12*
    ¿Qué género elegimos?, *13*
    ¿Por qué escribimos ficción?, *14*
    El dilema de los escritores bilingües, *14*
    Estrategias para quien se está iniciando, *15*
    Una nota sobre la crónica periodística, *26*

2. En el camino de la escritura, *29*

    El público lector, *29*
    La voz narrativa, *30*
        La tercera persona, *30*
        La primera persona, *34*
        Múltiples narradores, *37*
        La primera persona del plural, *38*
        El pasaje de una perspectiva a la otra, *39*
        Otras sutilezas, *41*
        La segunda persona, *41*
        Lector personaje y narrador, *43*
    El tiempo verbal, *43*
        El pasado, *44*
        El presente, *45*
        Movimiento entre pasado y presente, *47*
        El futuro, *48*

El narrador y el tiempo verbal, *49*
El tono, *51*
Ejercicios, *53*

3. **El lenguaje inapropiado o mal aplicado,** *54*

    Los estereotipos y el lenguaje sexista, *54*
    Las profanidades, *55*
    Clichés, refranes, truismos y otras muletillas, *55*
    Lenguaje coloquial y regional, *59*
    El lenguaje según el sexo, la edad y la clase social del personaje, *62*
    Los énfasis, las elipses y las onomatopeyas, *64*
    Los diminutivos, *65*
    Ejercicios, *66*

4. **La excelencia en el estilo, I,** *67*

    En busca de la elocuencia, *68*
    Sustantivos y verbos vs. adjetivos y adverbios, *69*
    Las repeticiones, *71*
    Lo redundante y lo superfluo, *74*
    Lo rebuscado, *75*
    Los adverbios ubicuos, *75*
    La verborragia y la prosa ornamentada, *76*
    Lo afirmativo y lo negativo, *78*
    Palabras conectoras, *79*
    Neologismos y anglicismos, *80*
    Estructuras simétricas automáticas, *81*
    Las cacofonías, *83*
    La claridad, *84*
    Ejercicios, *85*

5. **La excelencia en el estilo, II,** *90*

    Voz pasiva versus activa, *90*
    Verbos activos versus anémicos- *E-prime* en español, *92*
    Las transposiciones, *96*
    La posición de las palabras claves, *98*
    La extensión de las oraciones, *99*
    Las figuras retóricas, *105*
        La metáfora, *106*
        La personificación o prosopopeya, *110*
        El símil o comparación, *111*
        La sinestesia, *112*
        La hipérbole, *113*
        El paralelismo. *113*
        Los opuestos, *114*
        La antítesis, *114*
        El oxímoron, *115*
        La paradoja, *115*
        La aliteración, *116*
    Los cambios de tono, *117*
    Lo concreto y lo abstracto, *118*
    El estilo y la emoción, *120*
    Ejercicios, *123*

6. **Notas sobre diálogos estructura y personajes,** *125*

    El estilo en los diálogos, *125*
        El discurso directo, *125*
        El discurso indirecto, *128*
        El estilo indirecto libre, *130*
        Problemas y soluciones, *131*

Breves notas sobre la estructura, *133*
    La oración inicial, *133*
    La arquitectura general de un texto, *138*
    Dosificar la información, *140*
Breves notas sobre los personajes, *141*
La relación entre narrador y protagonistas, *144*
Ejercicios, *145*

7. La revisión, *147*

Primer análisis, *148*
Segundo análisis, *152*
Ustedes versus vosotros, *156*
La mecánica de la última corrección, *158*
El papel del editor, *158*
Ejercicio, *159*

Apéndice A: Respuesta a los ejercicios, *160*

Apéndice B: La raya y el guion, *167*

Obras citadas, *169*

Introducción

Hace unas semanas, me encontraba en una librería de Seattle en la sección *Writers,* y me dio por espiar la introducción de varios libros para escritores. Me sorprendió comprobar que todos comenzaban con advertencias del tipo: "Escribir es difícil", "Este prefacio no se hizo solo", "Luché con cada palabra", "La meta [escribir bien] no es fácil de alcanzar", y otras en el mismo tono preventivo. ¿Para mostrar empatía? ¿O, tal vez, para justificar el precio? "Queridos futuros escritores y escritoras, agárrense fuerte porque el vuelo va a ser accidentado", parece ser el mensaje inicial.

De acuerdo. Convengamos que escribir bien tiene sus bemoles y otras alteraciones del corazón, si se quiere. Pero ¿dónde está la alegría de dar con la palabra cierta, la frase precisa, la sensación de navegar en el flujo del pensamiento creativo (el célebre *flow*), esa corriente que nos conduce por los laberínticos circuitos mentales, ya perdida la conciencia de la hora, del lugar, del hambre, hasta que el humo de las tortillas quemadas nos saca del ensimismamiento?

Admitamos que escribir un libro en prosa elegante y sugestiva y de contenido cautivador no es una tarea sencilla, pero tampoco lo es recorrer de arriba abajo y de lejanía en lejanía los dos mil kilómetros del *Pacific Northwest Trail*. Y, sin embargo, para quien se embarca en tal aventura, la recompensa sorprende en cada curva del sendero: en el musgo que cuelga como filigrana de las altas copas, en la humilde flor que se asoma en sus húmedos rincones, en el obstinado sonido de un pájaro horadando el tronco, en los olores silvestres, en el susto de la silueta de un puma que se insinuó en la niebla. Y con cada sentido alerta, la determinación de seguir el camino hasta el final anima cada paso.

El objetivo de estas páginas es ofrecer un mapa rústico y una lista elemental de los pertrechos necesarios para recorrer la senda de la escritura creativa, con su pluralidad de goces y emociones, y disfrutar de extraviarse en su floresta. Es una meta modesta dada la amplitud de lo que implica un emprendimiento literario. Aquí solo me propongo asentar algunas bases que se requieren para la composición de textos en español —aun viviendo en este medio anglosajón que siempre acecha, presto a entrometerse— y mostrar que es posible hacer de un trabajo aparentemente arduo un placer: el de estar configurando mundos paralelos salidos de la intimidad de la propia conciencia.

Hay también quien proclama a los cuatro vientos que "la escritura no es magia, es un proceso, paso a paso". Sí, paso a paso, pero siguiendo el hechizo de cada frase. El modo intuitivo y perceptivo que invocamos cada vez que tomamos la pluma —real o cibernética— es ciertamente magia, sortilegio cerebral. ¿Cómo nos explicamos de otra forma el poder transformativo que se opera cuando los trillones de encuentros neuronales producen un instante de epifanía? ¿Cuando se transmuta algo físico en la intangible conciencia de saber que ese es el término y sonido que armoniza, la imagen que pregona la idea de un plumazo, el momento eureka? La creatividad surge de un laberinto de conexiones de tan esquivo algoritmo como la alquimia. Si cerramos las puertas a su duende, nos apartamos de lo que es la quintaesencia humana.

Los capítulos siguientes son un compendio y ampliación de clases y talleres que dicté para *Seattle escribe* desde 2015 hasta el presente. En ellos volqué mi vivencia como alguien que se ha iniciado en el arte de la escritura después de un proceso de rescate y reaprendizaje de la lengua materna, que se vio primero soterrada bajo el dulce idioma portugués en mi largo pasaje por tierras brasileñas y, más tarde, en este otro ámbito anglosajón donde me encuentro hoy. Yo, como mis estudiantes, somos todos sapos de otro pozo. Sin embargo, a fuerza de invocar y evocar ese lenguaje a veces sepultado bajo el signo de asimilación cultural, o simplemente abandonado en un rincón mental poco visitado, pudimos al fin recrear el pozo nativo, refundar nuestra propia laguna, limpiarla de voces extranjeras que pugnan por imponerse y cantar nuestro propio canto. Nada nos lo ha impedido.

El campo es enorme y mi aspiración desborda los límites de un libro. Por lo tanto, en este volumen me limitaré a aportar solo aspectos genéricos de la creación literaria, exponiendo algunos principios ya canónicos y otros de mi cosecha, seguidos de algunos ejercicios pertinentes a cada tema.

Este libro se dirige a un público con variados grados de experiencia en la escritura, de modo que algunas consideraciones serán historia antigua para los veteranos, y novedosos consejos para quien se inicia. Quisiera poder decir, como glosó el legendario Arcipreste de Hita hace setecientos años:

En general a todos fabla la escriptura;
escoja lo mejor el de buena ventura.

Seattle, 2 de mayo, 2020
Rita Sturam Wirkala

Nota: Si no me adhiero a la presente tendencia a neutralizar los nombres y adjetivos con los sufijos "-x" (como en *latinx*), "-es" (como en *les chiques*) y otros que puedan aparecer durante el proceso, no es por falta de sensibilidad hacia la lícita preocupación actual sobre la inclusividad de géneros en el lenguaje, sino por una cuestión práctica, para conferir fluidez al texto. Por lo tanto, cuando escribo lector, escritor, autor, editor, corrector, protagonista, personaje y otros sustantivos me estoy refiriendo a la persona de cualquier sexo, femenino, masculino y sus variantes univalentes y plurivalentes que componen el género humano.

Capítulo 1. Antes de comenzar

Ante todo, leer

La lectura es condición *sine qua non* para quien quiere escribir bien. Quien no lee se encontrará gravemente impedido no solo por la estrechez de su vocabulario o pobreza de estilo, sino de ideas.

Numerosos autores clásicos ya han señalado la simbiosis vital entre lectura y escritura: de ella, y sin querer, absorbemos los principios fundamentales de argumento y desarrollo. Sin embargo, de vez en cuando resulta productivo leer activamente, sobre todo si el texto ha recibido la consagración de una buena obra literaria. Esto significa detenerse para observar el lenguaje, el uso de figuras retóricas, la voz del narrador, la atmósfera, la intensidad, el manejo de los diálogos, de las tensiones, de los cambios temporales y otras numerosas estrategias que hacen un relato vívido y un estilo enérgico, provocativo y convincente. Educar nuestra capacidad para detectar todos estos aspectos trae incontables beneficios al incorporarlos a nuestros trabajos. Esto incluye la lectura de los periódicos, lo que trataré más adelante.

Del cine podemos aprender elementos dramáticos, el buen empleo de la cronología, del ritmo de la acción y la intriga. Pero la ficción literaria nos permite entrar en los oscuros territorios de los personajes y habitar en su conciencia.

Tampoco hay que desestimar la lectura en otra lengua que manejamos. Solo después de haber leído a Murakami (*1Q84*) en una traducción al inglés me di cuenta de cuánto he descuidado en mis novelas la descripción de la ropa de mis protagonistas.

¿QUIÉN PUEDE ESCRIBIR?

Y hablando de Murakami, en un libro suyo sobre la escritura, manifiesta: "Desde mi punto de vista, el hecho de que cualquiera pueda escribir una novela no constituye una infamia para el género, sino más bien una alabanza."[1] ¿Por qué una alabanza? Porque es un reino abierto a todos.

Comunicarnos, contar nuestras historias y compartir nuestra visión es un deseo inscrito en nuestros genes; y ponerlo por escrito es una manera de asegurar cierta propagación y permanencia. Todo lector de este libro puede hacerlo (dando por sentado que ya posee los conocimientos básicos de la redacción adquiridos en la escuela).

Pero es innegable que hay varios niveles de destreza en este oficio. Están los que se inician. Para ellos, comencemos repitiendo lo que ya se ha dicho *ad infinitum*: que la escritura es un arte, y todo arte se aprende con su práctica. No importa la edad del principiante. Los jóvenes tendrán más años para aprenderlo; los viejos, más para contar. Teniendo como premisa la existencia de una sensibilidad hacia el lenguaje y una vocación de cuentista, algo con un mandato interno, se pueden transformar las experiencias, de toda una vida o de una parte relevante de ella, en un trabajo literario.

---

[1] *De qué hablo cuando hablo de escribir*, de Haruki Murakami.

Otros se habrán dedicado con tesón a géneros ajenos a la literatura creativa —escribieron informes, disertaciones, ensayos y artículos académicos, textos para publicidad. Naturalmente, se sienten mejor preparados: el correcto manejo de la gramática y la sintaxis y el hábito de la disciplina son aliados invaluables. Sin embargo, la ficción es un animal de diferente especie, y estos escritores tendrán que lidiar con el mismo tipo de obstáculos que aquejan a —o, mejor dicho, afrontan— los principiantes: soltar la mente para delinear vidas imaginarias, desatar los nudos del alma para liberar las emociones, afilar la intuición para relatarlas en un lenguaje fecundo, vigoroso y poético.

Finalmente, para aquellos ya veteranos en el arte de historiar, puede resultar más fácil iniciar un proyecto. El desafío radica, en este caso, en explorar senderos literarios intransitados y abrazar otros intereses, probando géneros que no les son familiares. Y en cuanto a estilo, abrirse a nuevas modalidades, violar algunas normas y animarse a ir un poco a contramano. Es decir, combatir la terca tendencia que todos tenemos de repetir con algunas variaciones lo que hemos venido haciendo.

¿POR QUÉ ESCRIBIMOS?

El escritor o escritora de oficio que redacta libros siguiendo una fórmula trabaja para un público asegurado. No es este el sujeto de nuestro interés. Del resto de los que escriben o quieren escribir, una buena porción persigue la quimérica meta de la fama. Este afanarse por "hacerse un nombre" no está exento de peligros: puede convertirse en una cadena y un lastre porque, en la mayoría de los casos, genera uno o varios de los siguientes males:

- Ansiedad ("¡El imbécil del agente no me llama! ¡La editora no responde mis correos! ¡Me muero! ¡Me lleva la !").
- Frustración y disgusto ("Estimada Fulana de Tal, lamentamos comunicarle que su libro no entra en nuestros planes editoriales", blablablá...).
- Envidia y rivalidad ("¿Y a ese idiota le dieron el primer premio en el certamen?").
- Obsesión ("No hay nada más importante en mi vida").
- Distorsión de la perspectiva ("Que Dios me perdone, pero amo mi libro tanto como a mis hijos").
- Pérdida de la libertad ("No voy a parar de luchar hasta conseguir unos cinco mil seguidores y *likes,* aunque en eso tenga que dejar el alma").

No hay duda de que todos queremos, en alguna medida, satisfacer al pequeño (o gran) narcisista que llevamos dentro, y nadie escapa al deseo de lograr la pública certificación de sus méritos literarios. Pero mientras que una ambición moderada es genuina, vivir afligido por ello enturbia nuestras vidas. Y es que, para alcanzar la celebridad, no es suficiente el talento o la perfecta alineación de las estrellas: se necesita asimismo una buena dosis de tolerancia hacia la poco inspiradora tarea de la autopromoción (ya sea para los que buscan publicar en una editorial como para los que optan por la autopublicación). Y este tópico, valga el cliché, brilla por su ausencia en el presente libro. Pero no hay por qué preocuparse: existen numerosas publicaciones en el mercado sobre este rubro que podrán ser consultadas a su debido momento.

Finalmente, la consecución de la meta gloriosa no se da sin efectos secundarios. Muy a menudo viene con un patético bagaje. Escuché a un autor decir: "Los escritores de mi ciudad nunca conseguimos reunirnos: es que, el tamaño de nuestros egos es tan grande que no pudimos encontrar una sala donde cupiéramos todos".

Por fortuna, existen otras motivaciones para darse a esta tarea creativa, que no constituyen una condena, a saber:

En primer lugar, está el mero placer de jugar con el poder hipnótico de los vocablos y de hacer brotar las palabras como el músico hace brotar las notas en una composición, tocando (*playing)* el teclado del piano.

Más allá de este aspecto netamente lúdico de la escritura, están quienes tienen como objetivo legar algo más que cosas materiales a sus descendientes, a través de una memoria, de una saga familiar o de otro género que sobreviva a su presencia física sobre la Tierra. Todos ansiamos dejar nuestra huella.

Están asimismo los que escriben por su efecto catártico, para exorcizar sus demonios, para el autodescubrimiento y, quizás, mejoramiento, al hacer surgir los "mejores ángeles de nuestra naturaleza." Una de las bellezas de la escritura es que requiere sinceridad consigo mismo, porque nos obliga a pensar, a analizar cada idea y determinar si es verdadera o si presenta trazas de falsa. El enunciado socrático: "Una vida no examinada no vale la pena ser vivida", podría parafrasearse como: "Una idea no examinada no vale la pena ponerla por escrito".

Otros usan la escritura como escapismo. No los condenemos; también esto es terapéutico. Para un alma sensible a veces resulta demasiado cargar con las infamias del mundo, además de las propias cruces. Nos encerramos en un capullo de palabras, tejemos con ellas un verso de amor, y en la magia de esa urdimbre tocamos las puertas de otra dimensión.

Están los que escriben como medio de protesta social, poderosa motivación que nos informa sobre las injusticias, que despierta conciencias e impulsa acciones de largo alcance.

A menudo he escuchado decir: "Escribo porque no puedo dejar de hacerlo". Y eso se entiende, porque el mero acto de pensar o imaginar algo nos da la misma sensación, la misma *qualia*[2] que el acto de vivir de verdad esa experiencia. Imaginar también es vivir. Yo he sufrido en una prisión en Botsuana, he sido secuestrada en un bazar de la costa del Magreb, me he encaramado al "Tren de la Muerte", he cruzado el río Suchiate en Guatemala con otros inmigrantes, he cazado con los bosquimanos y guerreado con los shuares, los achicadores de cabezas de la Amazonía ecuatoriana y me he perdido en una tormenta de polvo en el año 2036. Todo un placer virtual del que nos ha dotado la Madre Naturaleza, que nos permite viajar por universos extraños, en el pasado y el futuro, en alas del imaginario.

Pero existe otra entendible razón por la cual escribimos, que considero de mayor peso. Cuando pensamos y repensamos en las múltiples bifurcaciones de vidas inventadas, cuando creamos a nuestros personajes, los empujamos al borde del abismo, y hasta los matamos, somos gólem y demiurgos por un tiempo. Y con el verbo —porque *Primero fue el Verbo*— dibujamos un universo a nuestros pies.

En suma, escribimos para jugar, y jugar de omnipotentes, para compartir nuestras pasiones, para contar nuestras propias historias, lleguen o no al gran público. Después de todo, la tribu, la llamada unidad social

---

[2] *Cualia* es el término usado en filosofía para designar la experiencia subjetiva o conciencia, fenómeno intangible que existe separadamente del proceso fisicoquímico del aparato neurológico que la engendró. El estrecho espacio entre cerebro y mente aun es un misterio.

básica, no pasa de cien o ciento cincuenta personas, no importa cuántos nombres brillen en la pantalla del Facebook y otras redes sociales. Y si nuestro libro, o un mero pensamiento que ocupa media página, toca el alma de un solo individuo en la Tierra, las repercusiones pueden amplificarse de forma impredecible, como el proverbial aleteo de la mariposa. Nada es inconsecuente.

¿CUÁNDO Y DÓNDE ESCRIBIMOS?

"¿Usted tiene una rutina para trabajar en sus libros?", me preguntan a menudo. La primera vez me sorprendió. Nunca se me había ocurrido que la rutina fuera amiga de la inventiva. Suelo contar que, en mi país natal, pertenecí de joven a un coro en el que cantábamos los llamados *negro spirituals*[3] en un muy acentuado inglés. Y la letra de uno de ellos en especial marcó mi filosofía:

I'm gonna sing when the spirit says "sing"
and obeying the spirit of the Lord!

Este "Señor", o Señora Musa, me indica cuándo hacerlo. Los horarios no funcionan bien para mi escritura, especialmente en la primera etapa, cuando los ingredientes crudos están todavía sobre la encimera de mi cocina literaria y la alquimia aún no se ha producido.

Esto me ha llevado a pensar en la variopinta modalidad entre escritores: los espontáneos, los disciplinados y sus diversas combinaciones; y que la inspiración puede llegar tanto para quien la recibe de sopetón como para quien la invoca en un horario estricto. Creer que sin una rutina y

---

[3] Género musical creado por los esclavos del sur de los Estados Unidos. Las canciones se transmitían oralmente y describían sus sufrimientos.

disciplina no hay progreso es una suposición falsa. ¡Y lo opuesto, también!

Lo mismo vale para los lugares o medios físicos que utilicemos. Hay quienes escriben a mano, en la fila de un supermercado. Mi esposo llena sus bolsillos de libretas atiborradas de letras diminutas como las marcas sobre el papel que dejaría una araña con las patas mojadas en tinta. Borges compuso todo en su mente, con la pluma del pensamiento. Cervantes engendró a su "seco y avellanado hijo" en una cárcel. Vladimir Nabokov escribió *Lolita* a mano mientras su diligente esposa dirigía en un viaje a través del país. Yo (que creo haber nacido agarrada a un teclado) redacté el esqueleto de una novela en mi portátil, mientras mi diligente esposo dirigía del Atlántico al Pacífico.

¿Sobre qué escribimos?

¿Buscamos el tema o él nos busca a nosotros? Siempre me ha sorprendido que alguien se apoltrone frente a la computadora y se pregunte: "¿A ver, de qué voy a escribir?". Soy de la opinión de que es preferible esperar a que el tema nos busque y no al contrario. Que golpee a la puerta. Que caiga del cielo como el maná. Que venga de puntillas durante las noches de insomnio y nos dé una leve palmada, o nos bese la frente. Algunas veces se presenta insolente, cara a cara, demandando atención. Otras, implorante. Se impone, fascina, intriga. Y si resulta intrigante para uno mismo, seguramente lo va a ser para otros lectores.

Pero suele suceder que el supuesto escritor o escritora no perciba tales llamados. No es el momento de claudicar, sino de afinar el olfato. Basta con prestar atención a nuestro entorno para encontrar ricas canteras que abastecen de materia prima: una escena callejera, una conversación escuchada al azar, alguien que expresa una emoción que nos aguijonea, una noticia periodística. Basta internarnos en las callejuelas donde solo transitan las almas perdidas y, como exhortaban los poetas medievales, buscar el zafiro en el muladar.

Y, dicho sea de paso, no hay buenas o malas historias. Hay las bien contadas y otras que… tendrán que recibir una "tierna atención", por usar un dicho común de por estos lados.

¿QUÉ GÉNERO ELEGIMOS?

Esta pregunta, naturalmente, está ligada a la anterior, y el tema a veces determina el género: cuento, novela, memoria, colección de relatos, poema. Hay ocasiones en que las circunstancias lo imponen. Un testigo o partícipe de un movimiento social sentirá el impulso de hacerlo público en una novela testimonial. La familiaridad con un evento sociopolítico del pasado puede ser el germen de una novela histórica. Un momento crucial de entendimiento de sí mismo, en el que se quieran repasar antiguas angustias y ponerles un punto final, será el molde de una memoria; un viaje dará alma y cuerpo a un libro de aventuras.

En ausencia de un imperativo que conduzca a un proyecto más ambicioso, el cuento sirve para ir afilando las herramientas de la composición. Las vivencias ya sedimentadas en cierta profesión darían lugar a una antología de narrativas entre reales y ficticias. Una infancia colorida es siempre una inagotable fuente para una colección de relatos.

Por otro lado, la poesía y la prosa poética no requieren una historia para contar porque estos géneros se mueven en órbitas diferentes. Una reflexión, un sentimiento, una observación bastan para que el texto lírico se mantenga por sí solo, por el propio magnetismo de las imágenes, del ritmo, de la prosodia y la cadencia, del mensaje que trasciende lo mundano. De su toque luminoso.

¿Por qué escribimos ficción?

Una imagen, afirmaba Confucio, vale más que mil palabras. Una historia, podríamos decir, puede valer cien tratados académicos, porque nos hace visualizar la realidad en un diagrama. Por eso, desde la Antigüedad se ha usado la ficción (fábulas, cuentos y parábolas) como método indirecto, casi pictórico, diríamos, de enseñanza de corte psicológico, ético y moral.

La ficción no sale de la nada, y nadie trabaja en el vacío, así como el pintor no inventa los colores, sino que los combina. Los resultados son espejos de las diversas facetas de la realidad. En general, comprendemos nuestra existencia a través de la trayectoria de otras vidas. Por eso, las historias son necesarias, porque toda narrativa, aunque sea inventada, nace del mismo crisol que recoge el vasto reino de la experiencia humana. ¡He aquí nuestra función!

El dilema de los escritores bilingües

Vale aquí recordar la conocida anécdota del latino que, consciente de su tendencia a alargar las vocales (contaba sobre los *sheeps* anclados en puerto de Manzanillo) comenzó a practicar con diligencia las vocales cortas. *Ship!* *¡Ship!,* se lo escuchaba murmurando. Tanto que cuando necesitó un papel, pidió: *a shit of paper*. No funcionó. Decidió entonces evitar la "hoja" de papel. Cambió por un "pedazo", es decir, *a piss of paper*.[4]

¿Pero qué relación tiene esto con la escritura?

---

[4] Para los inmigrantes con poco manejo de la lengua inglesa, véase la diferencia entre *sheep* y *ship*, *sheet* y *shit*, *peace* y *piss*, y otras sutilezas similares.

Entre los que vivimos en estas latitudes, algunos piensan que sus varias décadas de inmersión en el idioma les confiere una indiscutible habilidad para redactar en inglés. Es posible que así sea. Y es probable que no lo sea. Hay un método que pone a prueba la validez de tal convicción: cuando el lenguaje hablado denota un acento, es indicativo de que existirá un equivalente en el lenguaje escrito, en el sinnúmero de giros idiomáticos, en el uso asistemático y azaroso de las preposiciones y otras delicadezas lingüísticas. En tal caso, es más prometedor, enriquecedor y genuino recuperar la memoria y hacer resucitar el idioma materno, que tratar vanamente de pasar por gringo o gringa. La alternativa será gastar una buena suma de dinero en un editor. Y, aun así, no va a ser "nuestra voz".

Mi nieta de tres años me preguntó si su muñeca, que estaba precariamente sentada al borde de la mesa, se iría a romper si se caía. Y le siguió este diálogo:

"No, honey, your doll is rubber", le contesté.
"No, Abu, She's not! A robber is a bad man!".

Por este y otros motivos, yo escribo en español.

Estrategias para quien se está iniciando

Cómo empezar. Tal vez tengamos una muy vaga idea de lo que queremos comunicar. No importa. Este es el momento de permitirse la libre escritura y la digresión. Por digresión me refiero a escribir sin censura, de un tirón, dejando que las puntas de los dedos decidan qué y cómo escribir, quizás por media hora, siguiendo la brújula de la intuición y manteniendo a raya la autocrítica. Se trata de un primerísimo borrador, donde todo tiene cabida. Este tipo de improvisación creativa, al que Horacio Quiroga llamaba escribir "a puño limpio", nos conduce por un paisaje sin fin. Más tarde estas ideas se van a ir encauzando, cuando los elementos sueltos se vayan reuniendo en el tema como los afluentes de una misma cuenca fluvial van convergiendo hacia el mismo río, cada vez más portentoso.

La observación y las notas. Ya mencioné los beneficios de ser observadores del entorno físico y social, porque estos proveen material muy rico. Pero la memoria es frágil. Los escritores de oficio lo saben, y por eso adquirieron la buena práctica de llevar consigo una libreta (o cualquier objeto de la parafernalia electrónica que cargamos hoy día). Abierta o disimuladamente, toman nota de todo aquello que sirva para pintar personajes y describir escenas, observando sus coloridos —brumosos, exuberantes—, sus sonidos —el golpeteo de la lluvia, el tintineo de una moneda al caer en la taza del mendigo— sus olores —frituras, especias, azucenas, tierra mojada, pobreza— y mucho más.

El ejercicio físico y el grabador. En mi experiencia, las mejores ideas ocurren durante un moderado ejercicio físico, caminatas o paseos en bicicleta, cuando se maximizan las funciones cognitivas. Me gusta imaginar las neuronas disparando en varias direcciones y estableciendo nuevas interacciones entre los módulos cerebrales.[5] Liberada de las barreras impuestas por el estrés o la ansiedad, y mejor oxigenada, la mente arroja a la conciencia una solución, una súbita comprensión, un verbo olvidado, una locución brillante. En estos casos,

---

[5] "How the Mind Emerges from the Brain's Complex Networks" de Max Bertolero y Danielle Bassett. Scientific American, July 2019

llevar un grabador para captarlas en el momento ha sido para mí de tremenda utilidad.

LOS SUEÑOS. El tópico del porqué de los sueños, fascinante desde los albores de la humanidad, aún no ha sido resuelto. Las teorías son varias. Cualquiera sea el caso, la sustancia onírica, tan caótica como simbólica, puede ser la chispa que encienda la creatividad. Los sueños no conocen las barreras de lo imposible o de la vergüenza. Todo esto, claro está, contando con poder recordarlos y capturarlos antes de que se desvanezcan. Y allí está el reto: poblados de ilusos fantasmas, los sueños se evaporan como el aliento en una mañana helada. Se han propuesto algunas ideas: no ahuyentar el estado hipnagógico (ese espacio liminar entre el sueño y la lucidez) rechazando cualquier otro pensamiento consciente que pueda interferir; permanecer bajo las mantas hasta afianzarlos en la memoria; y luego anotarlos en una libreta en la mesa de noche.

Confieso que estas estrategias no han funcionado para mí. Me despierto con pereza y en un estado semicataléptico; clamo por cafeína, no por un lápiz. Sin embargo, cuando la imagen o la historia del sueño ha sido poderosa, no he necesitado estrategias, pues han permanecido en mí durante años, décadas. Esos sueños preciosos me han ayudado a crear algunas escenas impactantes en mi escritura.

LAS ENTREVISTAS. Estas son probadas fuentes de ideas para perfilar los protagonistas de nuestras narrativas, con sus peculiaridades físicas y psicológicas (sus tics nerviosos, su léxico particular, sus muletillas, manierismos o locuciones preferidas). Una persona extranjera, o indocumentada, o que ama su oficio, o que lo detesta, o muy joven, o muy vieja nos mostrará aspectos de la vida normalmente fuera de nuestro radar. ¿Cómo evolucionaron sus valores morales o estéticos? O, por el contrario, ¿en qué puerto de su océano mental se atascó y de allí no pudo salir? Una entrevista grabada es irreemplazable. Y aunque en un principio la entrevistada se sienta cohibida o tensa, al rato va a ignorar el grabador y a hablar con naturalidad. Pero obtengamos primero su permiso. Las grabaciones subrepticias son típicas de los políticos, y ese no es nuestro modelo de conducta.

La investigación. Tanto si lo que estamos trabajando es una historia corta, novela o memoria, hay que asegurarse de la exactitud al mencionar lugares, distancias, fechas, nombres o eventos históricos no ficticios, y no confiar en la memoria o suposiciones. La autora de un libro de inmigrantes escribió en su novela que la niña "salió de Tegucigalpa por la mañana, caminando, y llegó a la frontera de Guatemala por la noche". Vaya, ¡recorrió a pie más de trescientos kilómetros en doce horas! Si toma tanto tiempo escribir un libro, ¿por qué no invertir un poco más en la documentación?

Organización versus obsesión. El material que recogemos de las diversas fuentes mencionadas arriba pide un mínimo de organización. Pilas de libros, fotos y papeles esparcidos por el suelo, o debajo de la mesa como la hojarasca después de una tormenta, hace difícil encontrar lo que necesitamos. Sin embargo, un ambiente de trabajo ordenado a lo Marie Kondo tampoco es conductivo para atraer a la musa. Tu inteligencia va a estar más ligada al orden que a la inventiva. Un dicho de incierto origen rezaba: "Un escritorio desordenado indica una mente desordenada". Pero Einstein encontró una falla en el dictado y se preguntó: "Si esto es así, ¿qué señala entonces un escritorio vacío?".

Aconsejo adoptar el medio término de la doctrina confusionista y apuntar a un equilibrio entre el esmero compulsivo y el desbarajuste o, dicho en el concreto léxico de mi tierra, entre la limpieza y el quilombo.

Algunos organizan sus trabajos con tarjetas sostenidas con chinchetas sobre un tablero de pared, como un mapa que traza el itinerario de sus héroes y heroínas. Esto ofrece la ventaja de la movilidad y nos permite trasladar las piezas de nuestra imaginaria construcción. Componer para luego descomponer y volver a encauzar. Otros hallan ventajas en los diversos programas organizativos para escritores. Solo la prueba personal dicta el modo que se amolda a cada individuo.

DIGRESIÓN, FOCALIZACIÓN Y PODA. En este proceso de organizar el material nos vamos a topar con información tanto útil como inútil. La novela y la memoria permiten más digresiones que el cuento, típicamente económico en su desarrollo y léxico. Pero, aun así, si hay elementos que interfieren en el avance de una historia, habrá que cortarlos. La resistencia a eliminar párrafos estupendos la sufrimos todos. Y además, lleva tiempo, como expresó Pascal en una memorable e ironía frase: "Esto me salió más largo de lo habitual por falta de tiempo para acortarlo."

Una prueba útil sería narrarla a otra persona. ¿De qué trata tu libro? es la pregunta que se debe responder en pocos minutos; y esto nos obliga a detectar el meollo, a separar el tronco de las ramas. Pero no olvidemos que las ramas secas de hoy son leña para mañana, y no hay por qué arrojarlas a la papelera o al cubo del reciclado. Basta con crear un documento (lo llamo "rescatable") para aplicar a futuros proyectos.

LAS FÓRMULAS. En los talleres de escritura se suele hablar *ad nausean* de la fórmula para estructurar una historia basada en las peripecias del héroe mítico o monomito (que Joseph Campbell expuso tan magníficamente en *El héroe de las mil caras)*. Este consabido diagrama marca paso a paso la evolución de la narrativa (comienzo / deseo del protagonista / desarrollo / fuerzas antagónicas / crisis / presencia de ayudas /clímax o culminación / resolución) y otros nombres semejantes (suelen mencionarse diecisiete pasos).

CUÁNDO USARLAS. Considero que atenerse a esta fórmula y querer seguirla a pie juntillas y de forma literal nos puede meter en una camisa de fuerza. Si tenemos aunque sea un esbozo preliminar de una historia, los ejes narrativos mencionados arriba van a surgir de manera espontánea, como una necesidad del argumento. ¿Por qué? Precisamente porque, según Campbell, este diseño es arquetípico, y está arraigado en nuestro inconsciente colectivo. La tarea es darle los giros dramáticos a ese diseño. Vestir el esqueleto. Puede ser que ese esquema nos ayude en cierto momento, si sospechamos que nuestra narración adolece de algo bien elemental, de un andamiaje consistente. Y vale entonces cuestionarnos: ¿hay una verdadera crisis, una resolución (aunque sea ambigua) a la crisis?, ¿cuál es el núcleo argumental? Si falta alguno de estos elementos y pareciera que, al final, no tenemos un *había una vez...*, este es el momento de ponderar lo que queremos transmitir. Entonces la célebre fórmula de la trama nos ayuda a diagnosticar el problema. Claro está que, si hemos escrito una reflexión, una anécdota, la descripción de una escena o cualquier otro relato donde el argumento no sea lo relevante, sino la atmósfera y el sentimiento, el mentado arco dramático no se hace necesario. Pero no será una historia.

Otros consejos similares a las fórmulas citadas surgen de vez en cuando en las clases y los artículos sobre la escritura, pero habrá que aceptarlos con amplitud de criterio. El muy célebre de Chejov: "Una pistola que aparece en el primer acto deberá dispararse en el tercero" puede ser útil si lo entendemos como "la presencia de un objeto tan potente deberá justificarse en el desarrollo dramático".

EL BLOQUEO MENTAL. El proverbial "bloqueo del escritor" de quien se queda mirando con angustia la página en blanco en un marasmo mental, ya lo confesó el mismo Cervantes, hace más de cuatro siglos. Decía, hablando del prefacio de su *Don Quijote*:

> Muchas veces tomé la pluma para escribilla, y muchas la dejé, por no saber lo que escribiría, y estando en suspenso, con el papel delante, la pluma en la oreja, el codo en el bufete y la mano en la mejilla, pensando lo que diría, entró a deshora un amigo mío...

Puede que sea otro de los chistes de Cervantes, pero no cabe duda de que hay momentos en que nos hallamos estancados. Esto sucede más a menudo a quienes se imponen una rutina para escribir, tengan o no inspiración. Es que, admitamos, esta no llega con el mero hecho de posar nuestras sentaderas en la silla y las manos en el teclado. Un argumento en general raramente se presenta completo, sino que se va madurando en una asociación feliz de impresiones, fragmentos de aquí y de allá, tesoros que tenemos guardados en algún pliegue de la memoria que se activa por la mágica conjunción del intelecto y la intuición. Y al final se revelará el tejido de sus implicaciones.

Todo escritor concuerda en que, cuando un capítulo o escena resulta agobiante, debemos abandonarlo por un tiempo y dedicarnos a otro capítulo / escena / cuento o cualquier otro aspecto de nuestro proyecto. Si el trabajo en su totalidad se vuelve una pesadilla ("¡Estoy harta de esta novela! ¡Ya no puedo ni verla!"), hay que apartarse, dejarlo reposar y volver más tarde. La "mirada fresca" que nos da el tiempo obedece a una simple razón: la persona que escribió hace un mes no es la misma de hoy. La creencia de que constituimos una unidad psicológica constante es pura ilusión. El yo de hoy se ha modificado con la acumulada perspectiva que da el tránsito por la vida.

EL AFÁN PEDAGÓGICO. Este puede matar una historia. Si el o la novelista posee una agenda educativa, de orden moral, religiosa o de otra especie, tendrá que cuidarse de no deletrearla tal cual. No hay nada cuestionable en querer transmitir nuestros valores, pero el "mensaje" deberá estar implícito en la acción, el argumento, la psicología y trayectoria de los personajes. Las advertencias sentenciosas del autor no hallan cabida en la ficción. Si el imperativo didáctico es demasiado fuerte, lo aconsejable sería abandonar este género y optar por un ensayo u otro tipo de literatura no ficcional (como este).

LA EMOCIÓN. Este libro no trata sobre la redacción de un ensayo o una tesis doctoral o nota periodística, sino sobre la escritura creativa. Esta conlleva la emoción, de modo que el lector no solo entienda lo que se está contando, sino que lo sienta. Incluso es posible sentir sin entender. A veces, un poema de significado recóndito, por la naturaleza de sus imágenes o el barroquismo de la sintaxis, nos deja perplejos; y, sin embargo, los primores de su léxico, de su musicalidad o del sonido nos conmueven, como un espíritu que flota en torno a los versos que aún no nos han revelado su mensaje. Volveremos sobre este tema más adelante.

OTROS OJOS. Cualquiera que sea nuestra experiencia previa, conviene ver nuestro trabajo a través de la mirada distante de otros. Cuatro ojos ven más que dos, decían nuestras abuelas, y cuatro o cinco pares podrán ser el instrumento transformativo. Por eso, participar de un pequeño club de escritores es sumamente útil. La sinergia del grupo no solo nos provee de ideas, también ayuda en la irreductible necesidad de depurar, de usar la drástica tijera de podar aquello que impide el avance, sin misericordia. O a corregir errores. ¿A quién no le ha ocurrido creer firmemente en lo correcto de una palabra o expresión, solo porque la ha escuchado en familia, sin saber que era solo el invento de alguna abuela imaginativa? A falta de un grupo, someter el manuscrito a la opinión de otro individuo en quien se confía también nos beneficia.

LOS CRÍTICOS Y LOS CRITICONES. Provengan ya sea de un grupo formal o un individuo, hay ciertas intervenciones que debemos tomar con una pizca —o cucharada— de sal, especialmente en la etapa inicial del trabajo, cuando todas las ideas son válidas.

A alguna gente le encanta criticar la obra de otros, tal vez porque cuestionar las virtudes ajenas exalta las propias. Cuando yo iba ya terminando mi novela *El encuentro,* un sujeto en un club de supuestos novelistas me dijo: "Pero ¿a quién se le ocurre escribir una *historia* en el tiempo presente?". De no haber sido por mi amor a la lectura, que me expuso a diversos estilos, su crítica me habría deprimido. A los pocos meses, la editorial Pearson de Madrid publicó la citada novela, escrita de cabo a rabo en el mismo tiempo verbal tan objetado.

Otras veces se trata de una crítica válida, pero tal vez destructiva. Cuando el "Che" Guevara y su compañero de viaje se encontraron con un veterinario que los acogió en su casa, este les confesó su gusto por escribir y les dio el manuscrito en que estaba trabajando, porque apreciaba su opinión. Lo leyeron. Al parecer, era bastante malo. El compañero del "Che" le elogió el trabajo con fingido interés, para no desairarlo. El "Che", en cambio, le lanzó un veredicto fulminante. Le dijo que "no se podía leer", que estaba "lleno de lugares comunes", que su obra no era un "trabajo literario". Cabizbajo, el veterinario metido a novelista agradeció, humilde, la sincera opinión de su crítico huésped. ¿No se le ocurrió al presuntuoso Ernesto Guevara que el hombre podía aprender? ¿Cuántos escritores comienzan redactando un zafarrancho y poco a poco afilan sus herramientas y desarrollan sus habilidades? ¿Y cuántos talentos se pierden por una opinión arrogante? La experiencia me dicta aquí que un comentario amable y constructivo sobre un trabajo, que incluya lo bueno y lo malo, sin alabarlo, pero sin destriparlo y sin críticas lapidarias, puede producir milagros.

También puede ocurrir lo opuesto: los escritores suelen ser quisquillosos en cuanto a sus hijos literarios, y los defienden como leona a sus crías. Si nos duele una opinión, al menos no la descartemos de entrada. Tomar nota y callarse la boca es la mejor opción, especialmente si hay un consenso entre los críticos.

COPIAR LOS ARCHIVOS. ¡Cuántas veces hemos escuchado *Back up your files!* No siempre están en las nubes cibernéticas. Y nunca se sabe cuándo un virus insidioso va a atacar el programa, un hacker va a secuestrar nuestra computadora, un terremoto va a destruirla o una inundación va a transformar nuestros manuscritos en pulpa de papel. Sin querer sonar apocalíptica, sugiero tener a mano una memoria USB y actualizarla a menudo para no llorar más tarde.

Y SOBRE TODO, DISFRUTEMOS. El tan cacareado comentario de que un trabajo literario es "más transpiración que inspiración" merece un puesto entre los clichés. Escribir no implica una maratón; el papel no es un campo de batalla y nuestro lugar de trabajo no es una sauna (a menos que uno sea un finlandés excéntrico). Propongo cambiarlo por "inspiración y dedicación", sin el más, sin el menos. Incluso el paciente empeño de releer, evaluar y editar nos puede entusiasmar. Un dicho brasileño glosa: "Tener hijos es sufrir en el paraíso". Lo podemos aplicar al arte de escribir, una forma complicada de ser feliz, pero felicidad al fin. La traspiración la dejamos para aquellas caminatas en busca de la luz inspiradora.

El vocablo *disfrutar* es gozar de un fruto. Algunos trabajos tendrán mayor fortuna que otros. No importa, un proyecto acabado es ocasión de júbilo, cualquiera que sea el resultado de los esfuerzos para publicarlo. Al Hariri, un poeta iraquí del siglo XI, versa, en sus *Maqāmāt*:

Caza águilas, pero si la persecución falla,
conténtate con un penacho de plumas.
Trata de arrancar la fruta, pero si se te escapa,
quédate satisfecho con las hojas.

UNA NOTA SOBRE LA CRÓNICA PERIODÍSTICA

El periodismo ofrece excelentes ejemplos de buena escritura, que pueden ayudar en nuestra labor. Me refiero al periodismo tradicional y no al de las redes sociales. Estas son fuente de información rápida y valiosa por su inmediatez, pero no nos sirve de inspiración literaria. No profundiza, desdeña la belleza del lenguaje y propicia una cierta barbarie sintáctica, además del execrable hecho de carecer del principio ético de la verdad, al no basarse en fuentes seguras y verificables. Ya en 1920, H. P. Lovecraft sostenía:

> Las revistas populares inculcan un estilo descuidado y deplorable que es difícil de desaprender [...]. Si tales cosas deben leerse, es mejor darles solo una rápida mirada.

Esto podría aplicarse hoy a las redes sociales. Démosle entonces la mínima y, dispensable, a mi modo de ver, atención.

Al margen de estas disquisiciones, digamos que el periodismo tradicional, ya sea el de diarios o revistas, ha crecido en calidad, especialmente en el narrativo, en los últimos años, tanto en el ámbito del idioma inglés como en el español, y ha dado lugar al moderno binomio: "periodismo literario". Se comunican hechos reales, pero la preocupación por la estética de su lenguaje nunca fue más prevalente que hoy. Es interesante notar que multitud de excelentes novelistas han sido primero periodistas.

Las razones por las cuales la crónica periodística nos ayuda en el proceso creativo son varias. El modo sucinto al que debe atenerse nos enseña a dominar la verborragia, que tanto apaga la frescura de un escrito. Son historias bien contadas, con la misma intensidad de lenguaje que una obra literaria, pero basadas en la economía de términos. Esto es así porque el periodista debe trabajar el lenguaje y la sintaxis para ajustarse a un espacio constreñido.

De su lectura también aprendemos a captar la atención del lector desde el principio, porque la línea inicial de un artículo, en la actualidad especialmente, es siempre atrayente.

Al haber incorporado material de la literatura, el periodismo actual adoptó estructuras narrativas que se parecen al cuento o a la novela. No se sigue un orden cronológico y lineal, no se comienza necesariamente por el principio, sino con el enunciado clave. Se ha vuelto más sorpresivo, con un estilo fresco y colorido; abunda en juegos de palabras, en interrogantes. He aquí un ejemplo de un diario argentino en tiempos del coronavirus:

> La primera vez en que tomé conciencia de que una gripe podría ser algo más grave que una molestia pasajera fue al leer la novela *La Tregua* de Mario Benedetti. El protagonista es un viudo cincuentón a punto de jubilarse que se enamora de su compañera de oficina Laura Avellaneda.[6]

En cuanto al vocabulario, nos alerta sobre nuevas locuciones y giros idiomáticos, porque el periodismo es el primero en incorporarlas a su léxico.

El mejor periodismo nos lleva al lugar de los hechos, nos presenta a las personas, nos hace vivir sus realidades. Y, muy importante, nos advierte sobre el peligro de una

---

[6] "La tregua, la muerte y el coronavirus", de Alberto Kornblihtt. Página Doce, 28/04/2020

descripción demasiado monolítica de un protagonista, cuando el malo es muy malo y el bueno es muy bueno; o sobre asuntos éticos, cando vemos las cosas en blanco y negro.

Asimismo, las noticias pueden encender la chispa imaginativa del escritor de ficción para generar otros textos o para desarrollar el que ya tenemos entre manos. Mi novela *Las aguas del Kalahari* surgió cuando vi en el periódico la foto de dos cazadores cruzando la sabana y llevando sendos conejos ensartados en la punta de sus lanzas. Debajo de la foto se leía: "Bosquimanos retornando del exilio". "¿Qué exilio?", me pregunté. Esto me condujo a una inolvidable aventura, tanto literal, en tierras africanas, como literariamente, en la subsiguiente escritura de mi novela.

Por último, el periodismo nos instruye sobre el debate político, social o cultural que puede ser el trasfondo de nuestra historia. Un escritor ignorante de los eventos del planeta puede redactar con buen estilo y capacidad retórica, pero se ve constreñido en cuanto a variedad temática. Y aun cuando quiera mantenerse en su nicho literario, sea este la novela histórica o la memoria, le va a faltar la perspectiva del presente, y limitar el nivel de sus reflexiones. El periodismo es historia en cuanto se va haciendo, y eso nos ayuda a pensar y a examinar los hechos. Y si pensamos bien, podemos escribir de forma interesante.

Capítulo 2. En el camino de la escritura

Los géneros literarios, según la definición clásica, se dividen en narrativos, líricos y dramáticos, cada uno con sus subgéneros. Como en este volumen nos limitamos al primero, para simplificar la terminología vamos a llamar "género narrativo" a los subgéneros (cuento, novela, biografía novelada, microrrelato, ciencia ficción, cuento maravilloso y otros tipos de narrativa ficticia).

Quien está dispuesto a escribir, es probable que ya tenga definido el género narrativo que quiere trabajar. Cualquiera que sea, algunos parámetros deben ser fijados desde el comienzo y algunas decisiones tomadas de antemano para ahorrarse reescritura, frustraciones y tiempo. Las tres siguientes son las más básicas: el público lector, la voz narrativa y el tiempo verbal que vamos a escoger.

EL PÚBLICO LECTOR

Demás está decir que no se escribe igual para un lector infantil, juvenil o adulto. Un cuento infantil requiere un lenguaje infantil, aunque de ninguna manera basado en diminutivos o innecesariamente simplificado.

Para el adolescente no vamos a hacer concesiones en el lenguaje excepto en la crudeza de los vocablos o las imágenes (para, entre otras cosas, evitar la censura de padres o maestros). Tampoco nos limitaremos en términos de complejidad, porque el o la adolescente maneja ya una estructura gramatical adulta y los matices psicológicos de un personaje. Pero los temas deben adecuarse al gusto y los intereses de la edad. *La vida secreta de mi agente interestelar* sería un título más atractivo que *La vida secreta de nuestro presidente* o *Mis aventuras en la alfombra mágica*. En cuanto a la resolución de una novela, raramente va a atraer al lector joven un final donde el protagonista se ahoga en un *vallis lacrimarum* o en un cinismo doloroso en un mundo perverso.

El lector adulto es, para usar un mexicanismo, chile de todos los moles.

Si durante el curso de la escritura la Musa nos lleva por caminos diversos, y lo que era para un público se transforma en algo para otro, uno debe permitirse la flexibilidad de mudar de enfoque y recipiente. Pero tendrá que adaptar el estilo.

La voz narrativa

También llamada la "perspectiva" del emisor, se refiere al ángulo o punto de vista desde el cual el texto nos está hablando. Lo más común es un narrador en tercera o primera persona. Pero hay variaciones muy creativas, como se verá más abajo.

La tercera persona

Esta implica un narrador exterior al argumento, que no entra en la historia. Por lo general no opina ni comenta desde el punto de vista autoral, sino que es objetiva, cuenta y muestra los hechos y los pensamientos de cada protagonista sin necesidad de justificar tal conocimiento. Puede ser narrador omnisciente o intermedio (observador). Al primero se lo llama omnisciente porque, como un Dios, lo sabe todo; ve través de los ojos de sus personajes, y esto lo hace confiable.

El siguiente párrafo pertenece a un libro de Rosario Castellanos que, aunque fuertemente anclado en su experiencia personal al punto de poder afirmar que se trata de una novela casi testimonial, está cabalmente escrito desde la perspectiva de la tercera persona:

> San Juan, el Fiador, el que estuvo presente cuando aparecieron por primera vez los mundos; el que dio el sí de la afirmación para que echara a caminar el siglo; uno de los pilares que sostienen firme lo que está firme, San Juan Fiador se inclinó cierto día a contemplar la tierra de los hombres. Sus ojos iban del mar donde se agita el pez a la montaña donde duerme la nieve. Pasaba sobre la llanura en la que pelea, aleteando, el viento; sobre las playas de arena chisporroteadora; sobre los bosques hechos para que se ejercite la cautela del animal. [...]. San Juan transformó en piedras a todas las ovejas blancas de los rebaños que pacían en aquel paraje.[7]

El narrador no solo ve a los hombres y mujeres del valle de Chamula, sino que puede ver a través de la mirada de un santo y ser testigo de un prodigio. Y desde esta perspectiva, continuará narrando los hechos que tuvieron lugar durante dos siglos.

---

[7] *Oficio de tinieblas*, de Rosario Castellanos.

Tampoco es necesario que tal mirada abarque el mundo y más allá, como en el ejemplo citado. Basta con que el texto se narre desde afuera, como en este, donde un narrador omnisciente conoce el lugar en el que la mujer fijaba sus pupilas y tenía puestos sus sentidos:

> —Te digo que no es un animal... Oye cómo
> ladra el Palomo... Debe ser algún cristiano...
> La mujer fijaba sus pupilas en la oscuridad de la
> sierra.
> —¿Y que fueran siendo federales? —repuso un
> hombre que, en cuclillas, yantaba en un rincón,
> una cazuela en la diestra y tres tortillas en taco en
> la otra mano. La mujer no le contestó; sus sentidos
> estaban puestos fuera de la casuca.[8]

Esta facultad omnisciente le da al narrador el poder de desplegar el más íntimo tejido del alma de sus personajes, y los variados dioses y demonios que la pueblan.

El otro tipo de narrador en la tercera persona, llamado a veces "observador", o "intermedio" o "cuasi omnisciente", se aleja de la escena y mantiene su objetividad. No lo sabe todo. Es como una cámara. Recoge imágenes, inclusive olores y otros componentes de la atmósfera, pero desconoce el pensamiento de los protagonistas. Por eso, es más aplicable a los guiones cinematográficos.

El autor también puede inventar a un narrador o narradora en tercera persona. Tal es el caso de Cervantes, al afirmar que la historia de don Quijote de la Mancha fue contada por el moro Cide Hamete Benengeli y que él apenas encontró los manuscritos en la calle (lo cual es, por supuesto, otra fantasía).

---

[8] *Los de abajo*, de Mariano Azuela.

La narración desde la perspectiva de un tercero crea ciertas ironías, porque el lector conoce detalles sobre los personajes que estos mismos ignoran. Cide Hamete sabe todo sobre el caballero andante y su escudero. Sabe, por ejemplo (lo que don Quijote ignora) que Dulcinea no es una hermosa dama de alta alcurnia, sino una morisca conversa que vive de salar puercos.

Sin embargo, este narrador omnisciente tiene restricciones. No conviene (a menos que el escritor tenga mucho oficio y haya hecho de esto su propio estilo) que se inmiscuya con sus propias opiniones. En otras palabras, no hay que confundir lo que piensa el narrador (y menos aún el escritor/autor) con lo que piensa el personaje. El primero apenas pone en evidencia lo que ocurrió o está ocurriendo y, en general, se mantiene detrás del telón, despersonalizado. En la siguiente oración hay una evidente toma de postura del autor, y resulta sospechosa:

> Carlos siempre quiso vivir en Costa Rica, un país limpio y democrático.

En cambio, sería aceptable si se atribuyera la opinión a Carlos:

> Carlos siempre quiso vivir en Costa Rica, porque <u>opinaba que era</u> un país limpio ydemocrático.

La opinión así expresada no resulta una intrusión externa, sino que es parte de la narrativa. El narrador tendrá que hallar la manera de incluir todo lo que necesite y, a la vez, de excluirse a sí mismo.

Aquí me veo en la necesidad de hacer una recomendación que podrá resultar demasiado obvia para quien posea experiencia, porque se trata de un error muy primario, pero no para los que se inician. Si se ha adoptado la tercera persona, hay que mantenerla. Cualquier cambio de perspectiva debe hacerse a sabiendas y no por descuido. He visto textos en los que el escritor salta de la tercera a la primera persona o viceversa sin tener conciencia de ello. Un texto que llegó a mis manos para editar decía:

> Doña Laura era una mujer entrada en años. Solía contar de los tiempos cuando tenía que caminar kilómetros para acarrear agua. El pozo quedaba detrás de una colina. Recuerdo que llevaba un cántaro en la cabeza y mi hermanito iba agarrado a mi falda.

Se notará que al principio el narrador en tercera persona habla de una doña Laura y que en la última oración aparece una narradora que habla de sí misma, continuando la historia en primera persona. Nos quedamos sin saber quién es doña Laura; ¿es la narradora?, ¿o un personaje ajeno a la misma?

La narrativa exclusivamente en tercera persona fue lo más común en el siglo XIX, cuando se cultivaba un estilo ficcional estable. Pero desde mediados del siglo XX, diversos autores comenzaron a apartarse de esta perspectiva, por considerarla típica de un género popular, y ensayaron otras variaciones y puntos de vista más dinámicos.

La primera persona

A esta voz también se le llama "narrador interno", porque cuenta la historia desde un *yo* personal. Obvia aclarar que este *yo* narrador de ninguna manera tiene que coincidir con el autor o autora (excepto en una autobiografía o memoria realista), porque se trata de otro personaje creado por la pluma del artista, otra fabulación más. Es una técnica milenaria. Ya entre los griegos y los latinos se juega con un narrador en primera persona diferente al autor. En el siglo XVIII, Daniel Defoe escribió su *Robinson Crusoe* desde esta perspectiva interior y de modo autobiográfico, pero sabemos que él nunca fue un náufrago en una isla solitaria. Yo puedo escribir: "Nací en 2002 en un pueblito de Moldavia". Es obvio que yo, autora, he inventado otro *yo*, narradora.

El narrador en esta primera persona puede o no ser asimismo protagonista. Cuando lo es, la relación es más íntima y establece un vínculo más fuerte con el lector:

> Yo veía con cariño a aquel rudo viejo, y le oía con interés sus relaciones, así, todas cortadas, todas como de hombre basto, pero de pecho ingenuo [...]. Y todo me lo refirió al comenzar aquella noche, mientras las olas se cubrían de brumas y la ciudad encendía sus luces [...][9].

Cuando el *yo* que narra no es protagonista, sino un personaje secundario, en general, no interviene, o si lo hace, es de un modo muy tangencial y neutral. Este es un estilo muy común en los cuentos de Borges. Por ejemplo:

> Que un hombre del suburbio de Buenos Aires, que un triste compadrito sin más virtud que la infatuación del coraje, se interne en los desiertos ecuestres de la frontera del Brasil y llegue a capitán de contrabandistas, parece de antemano imposible.

---

[9] "El fardo", de la colección de *Cuentos y poesías,* de Rubén Darío.

> A quienes lo entiendan así, **quiero** contarles el destino de Benjamín Otálora [...][10].

Por otro lado, este narrador, ya sea protagonista o personaje secundario, puede ser subjetivo e intervenir con sus pensamientos, sentimientos y opiniones de todo tipo, aun cuando sean fuertemente subjetivas. Así lo hace Montaner en este párrafo:

> [A los alemanes] les fascina el heroísmo cargado de sangre. Los enloquecen los cantos patrióticos y las banderas.[11]

En cualquier caso, este *yo* ficticio, a diferencia de la tercera persona, no puede conocerlo todo: cuenta lo que sabe o cree que sabe. De ninguna manera puede cruzar la barrera de la conciencia ajena, porque, como bien sabemos, la subjetividad del *otro* es una isla de paisajes tan intrincados como impenetrables.

Así lo pone poéticamente Gioconda Belli, la autora nicaragüense, cuando recrea la leyenda de Adán y Eva[12], su salida del paraíso y la súbita comprensión de sus separadas identidades en la dimensión terrenal. Su magistral descripción de una toma de conciencia de esta naturaleza resulta conmovedora, y refleja el despertar de un niño cuando se da cuenta que es imposible penetrar la intimidad del otro, que cada ser humano existe en un espacio al cual no tenemos acceso, que solo podemos intuir o deducir. (Por eso decimos que el narrador exterior juega de dios y creador).

---

[10] "El muerto", de *El Aleph*, de Jorge Luis Borges.
[11] *Otra vez adiós*, de Carlos Alberto Montaner.
[12] *El infinito en la palma de la mano*, de Gioconda Belli.

Pero no por esto el *yo* narrador es más limitante, ya que variadas estrategias pueden justificar su conocimiento de los oscuros mecanismos de sus personajes: porque alguien le contó, porque escuchó a hurtadillas, porque descubrió un diario personal, una carta, etc.

Debemos hacer una excepción en el caso de una memoria. Aunque esta pueda estar matizada con diversos grados de ficción, se espera que el autor o autora sea, básicamente, el mismo *yo* que narra. Esto es más pronunciado en una autobiografía donde la verdad factual —hasta donde el autor la conoce— debe reinar.

MÚLTIPLES NARRADORES

Hay autores que juegan con la perspectiva múltiple, también llamada "poliédrica". Ocurre cuando hay varios protagonistas y los hechos se narran desde numerosos ángulos. Se ha usado, por ejemplo, para describir un grupo familiar o social desde el punto de vista de cada miembro, como piezas de un rompecabezas que darán un panorama total al llegar al fin de la historia. O en novelas de corte detectivesca, como *Rosaura a las diez*, en la que diferentes personajes cuentan su versión particular de un crimen, ya sea en primera o en tercera persona, o en forma de cartas, diálogos y monólogos.[13]

En un importante cuento de Cortázar[14], la historia se desarrolla con tres voces: dos protagonistas y un narrador, que también es personaje. En una novela más de Luisa Valenzuela, cada capítulo pertenece alternativamente a la voz de la protagonista en primera persona, y al narrador, en tercera.[15]

---

[13] *Rosaura a las diez*, de Marco Denevi
[14] "Segunda vez", de la colección *La autopista del sur y otras historias*, de Julio Cortázar.
[15] *El mañana*, de Luisa Valenzuela.

Otra variación son los múltiples narradores en primera persona, exclusivamente. Esta es la estrategia que mi colega María de Lourdes ha usado en una novela donde tres personajes cuentan la historia desde su yo personal.[16]

Cité solo unos pocos de los innumerables libros, como ejemplos que pueden ser consultados. En cualquiera de los casos, el novelista tendrá que dejar claro quién está hablando, porque saltar de narrador en narrador sin las marcas necesarias crea confusión. Cualquiera sea la variante que se utilice, las reglas del juego son las mismas: una voz en primera persona no es omnisciente ni es factual. Una voz en tercera persona tiene diferentes grados de acercamiento. Y, en general —aunque no es una regla inalterable—, este narrador no opina.

La primera persona del plural

Esta técnica de múltiples narradores no debe confundirse con el narrador plural que habla desde un "nosotros" (el *royal "we"* del idioma inglés) ya sea omnisciente o no omnisciente, común en los libros sagrados. Es lo que se conoce como plural mayestático:

> Pero nosotros sabemos que la ley es buena, si uno la usa legítimamente.[17]

La narrativa secular también puede usar el narrador múltiple en la primera persona, pero será un "nosotros" diferente. Ha sido usado en algunos libros de ciencia ficción donde un grupo de seres observa y comenta desde otro planeta los eventos en la Tierra. Igualmente, un

---

[16] *Más allá de la justicia*, de María de Lourdes Victoria.
[17] *La Biblia* según la versión de King James.

"nosotros" podría estar contando una saga familiar, por ejemplo, sin la intervención de un "yo" protagonista.

El pasaje de una perspectiva a la otra

Cuando artísticamente logrado, este juego entre las dos diferentes perspectivas en un mismo texto (el pasaje de la tercera a la primera persona, por ejemplo) es un espléndido artificio para crear un efecto plurivalente. Es especialmente efectivo cuando el autor nos hace suponer que está escrito en la tercera persona y de pronto aparece en escena el *yo*, convirtiéndose en cómplice, que luego se esconde por unas pocas o por muchas páginas, y vuelve a emerger.

En su laberíntica obra poética *Primero Sueño*, la celebrada poeta mexicana no da indicios de ser ella el ente soñador hasta el verso 47, cuando dice —*digo*... Este "digo" emerge aquí y allá hasta que lo remata en el verso final: *"Y yo, despierta"*.[18]

En la novela *La novia oscura*, este *yo* surge en la tercera página en la persona de la periodista narradora, otro personaje desatado por la autora, aunque no muy implicado. Solo nos damos cuenta de su intervención en medio de un diálogo, cuando la "periodista" nos dice que Todos los Santos, la anciana a quien está entrevistando, le está narrando lo que pasó hace décadas:

> —Entienda que a Tora la fundamos nosotras las prostitutas[...] —**me dice** Todos los Santos [...].

Y líneas más abajo entra de nuevo en un diálogo:

> —Fúmese un tabaquito, reina —**me** ofrece, estirando la mano con el habano un poco hacia

---

[18] "Primero sueño", de Sor Juana Inés de la Cruz.

donde **no estoy, y me doy cuenta** de que no anda bien de la vista.[19]

La autora, entonces, alterna la voz de los narradores de las memorias con la voz de quien es testigo no implicado de tal narración. Nótese que este vaivén no solo se produce en la perspectiva de tercera a primera y vuelta a tercera, sino que también se da en el tiempo verbal, del pasado al presente y viceversa.

Un ejemplo diferente y poco observado es el narrador de *Cien años de soledad* que inventó Gabriel García Márquez. Al principio nos parece que quien cuenta la historia es una tercera persona no involucrada en la ficción. Pero resulta que el narrador entra a formar parte de la realidad ficticia mientras que "lo narrado y lo sucedido se van aproximando hasta coincidir totalmente", observa Vargas Llosa en un artículo. Y al final se entiende que es Melquíades —otro personaje ideado por García Márquez— quien narra el cuento que veníamos leyendo, lo que Vargas Llosa llama de "salto cualitativo del narrador externo al narrador implicado".[20]

Si el escritor que está tomando los primeros pasos se siente atraído por esta técnica, tendrá que asegurarse de conocerla bien, habiendo leído, observado y absorbido estas formas alternativas para aplicarlas a su ficción.

Repito, este cambio de perspectiva hace parte del juego consciente con la simulación y apariencia, y debe ser premeditado y correctamente estructurado, y no accidental, por torpeza o desatención del autor.

---

[19] *La novia oscura*, de Laura Restrepo.
[20] Crítica de Víctor García de la Concha a la edición conmemorativa de *Cien años de soledad*, de 2007.

OTRAS SUTILEZAS

La figura del narrador se vuelve más complicada cuando el supuesto autor también es otra creación. Como señalé, ya está presente en *Don Quijote*. En el prólogo, que en las obras medievales y renacentistas tienen una función también narrativa, el autor nos avisa de que él encontró unos papeles en aljamiado (la lengua de los moriscos españoles) y se los llevó a un traductor morisco *de esos que hay muchos por aquí*. Sabemos que es un truco literario. Cervantes (verdadero autor) creó a un Cervantes que dice haber encontrado un manuscrito, y que el autor realmente no es él. Hay entonces tres niveles: el escritor, que en rigor es Miguel de Cervantes Saavedra; el *Yo* que afirma haber encontrado unos papeles y los publicó (para justificar su narrativa) y *la voz narrativa* de Cide Hamete que cuenta la novela en tercera persona (no es por nada que *Don Quijote* es considerada la primera novela moderna).

LA SEGUNDA PERSONA

Esta no es exactamente una perspectiva, sino la persona a quien se dirige el texto. Puede ser al "tú", o al plural "ustedes" o "vosotros". A veces implica un tono imperativo, al estilo bíblico *(Dejad que los niños vengan a mí...)*; o de un recetario de cocinas *(Ponga las tortillas en el comal)*; o prescriptivo, como en un libro de autoayuda, o del refranero popular. El "tú" imperativo también es muy común en la poesía y las canciones, *¡Ven, no te vayas todavía!,* etc.

Pero aquí nos estamos refiriendo a la ficción creativa, no a la bíblica, lírica, culinaria o didáctica. Es decir, cuando el *tú* es un interlocutor o recipiente de la historia en un estilo no imperativo.

Autores clásicos y modernos han usado este estilo de manera exitosa. En la hermosa novela *El país de la canela*, un narrador en primera persona cuenta sus aventuras como partícipe del descubrimiento del río Amazonas, y le habla al *tú* (lo cual se nos revela por primera vez en la página seis). La presencia de este interlocutor no protagonista va a surgir a menudo durante el curso de la narrativa, pero de un modo en que el lector se olvida de la existencia de ese *tú* a quien se cuenta la historia. Y hacia la mitad del libro, el narrador manifiesta:

> Si yo soy quien soy, si estoy aquí hablando contigo, es porque el destino hizo que fuera yo uno de los hombres del barco. [21]

Aquí sabemos entonces que este *yo* está conversando con su interlocutor, cara a cara. Y que no se trata de una carta, al estilo de novela epistolar, sino de una conversación.

Eventualmente el *yo* y el *tú* se nos definen: son el narrador-conquistador y su amigo.

En un cuento de Carlos Fuentes, el narrador en la primera persona se dirige a un lector plural, ustedes:

> Juan Zamora me ha pedido que cuente este cuento de espaldas. Es decir: él va a estar de espaldas al lector todo el tiempo.[...] no les dará la cara a ustedes a lo largo de esta narración.[22]

Pero en otros textos, Fuentes narra su historia de comienzo a fin a una segunda persona que es, curiosamente, el protagonista. La breve y extraña novela *Aura*[23], narrada en futuro, da cuenta de esta estrategia.

---

[21] *El país de la canela,* de William Ospina.
[22] "La pena", cuento de *La frontera de cristal,* de Carlos Fuentes.
[23] *Aura,* de Carlos Fuentes.

LECTOR, PERSONAJE Y NARRADOR

Ya subrayé el hecho de que el narrador en tercera persona es más confiable que en primera persona, porque el *yo* de esta no es omnisciente. Sin embargo, la confiabilidad tiene sus matices. Quiero volver aquí al concepto de la ironía dramática, porque es una de las estrategias retóricas más comunes en la ficción, y porque quien la domina ya ha conquistado una importante parte del arte de la ficción narrativa.

Recordemos: la ironía se produce cuando el escritor-emisor da a entender al lector-receptor algo distinto de lo que está impreso y se crea una oposición entre el mensaje aparente y el que se pretende dar.

Incluyo aquí un ejemplo mío:

—¿Sabés, abuela? El Padre no habla con los ángeles a la hora de la siesta, como dijo el tío Tito.
—¿No?
—No. Yo lo vi. Habla con la señorita María de los Ángeles, la maestra.
—Hum, ¡mirá vos! ¿Y qué hacía ella en la casa del párroco?
—A lo mejor estaba buscando otra casa y se perdió.
—Sí, a lo mejor...[24]

EL TIEMPO VERBAL

Esta es una decisión que el autor toma cuando comienza a tejer su historia, y no tiene absolutamente ninguna relación con la temporalidad histórica en que esta se desarrolla, sino con la forma en que es contada. No

---
[24] "Disonancias II", de *Los huesitos de mamá,* de la autora.

importa si es la historia novelada de un romano de hace dos mil años o de una familia que vive en Marte en el año 3000. La pregunta es: ¿vamos a usar el tiempo verbal del pasado, del presente o una combinación de ambos?

El pasado

Contar una historia en el tiempo pretérito es a todas luces lo más natural y, por tanto, lo más común:

> Tuvo el tal una juventud muy borrascosa, y desde su primera edad se notó en él gran violencia de sentimientos, desbarajuste en la imaginación, mucha veleidad en su conducta, y alternativas de marasmo y actividad que le dieron fama de hombre destartalado y de poco seso. Cuentan que...[25].

Aquí se habla de un ser ficticio (o real) del pasado. Sin embargo, nada impide hablar en pretérito de una narrativa del futuro:

> **30 de diciembre de 2036**: El capitán del "Tranquility", un barco supuestamente de pesca, y sus nueve marineros fueron detenidos cerca de la costa de las islas Andamán, bajo sospecha de planear un abordaje para envenenar a los pasajeros de una nave española que se dirigía a la Antártida en una misión científica.[26]

Si hemos resuelto contar una historia en pasado, puede que haya verbos en presente para ciertas escenas:

---

[25] *La sombra,* de Benito Pérez Galdós.
[26] *Cuentos para El Soñador,* de la autora.

> Juancito fue a la estación de tren para recibir a Sonia. Se **sienta** a esperar. **Dormita** un poco. Oh, allí **viene** el tren. El silbido lo **sacude** y lo **despierta.**

Después de una frase en pretérito, la últimas están en presente, apenas para crear un efecto, pero luego se volverá al pasado.

En la novela *Los pasos perdidos* se encontrarán numerosas instancias donde el autor se mueve del pasado —su narrativa— al presente —en sus descripciones de la selva; o, en el caso del siguiente párrafo, en un momento de *reverie*, cuando los recuerdos emergen asociados a una sinfonía que está escuchando y sus compases lo transportan a su infancia:

> Este **era** el único pasaje de la sinfonía que mi madre **lograba** tocar a veces, por su tiempo pausado […] Al sexto compás, plácidamente rematado por las maderas, **acabo de llegar** del colegio, luego de mucho correr para resbalar sobre las pequeñas frutas de los álamos que cubren las aceras. Nuestra casa **tiene** un ancho soportal de columnas […][27]

Esta técnica de oscilación verbal no debe ser usada al azar, solo por un afán de ruptura de convenciones, sino con el propósito de mudar de foco temporalmente.

El presente

En este tiempo, también llamado "narración simultánea", la acción transcurre a medida que se está contando y, por lo tanto, todo el trabajo va a mantener la inmediatez producida por esta forma verbal. Es un estilo

---

[27] *Los pasos perdidos,* de Alejo Carpentier.

algo más moderno que el anterior y ya adoptado por legiones de autores:

> Sobre el mantel de la mesa del comedor se agrandan los platos y los cuatro niños, Patrick, el mayor, Gerard y Arthur desayunan porridge.[28]

Nótese que no importa cuándo ocurrió el hecho narrado. Se puede describir la escena de un futuro lejano en un libro de ciencia ficción usando el presente tanto como la de un imaginado cazador que vivió hace treinta mil años, usando siempre el tiempo verbal del presente. Por ejemplo:

> Nxou **larga** la lanza y comienza a escarbar con las manos y el palo. Al cabo de un tiempo de bregar **tiene** los dedos ensangrentados. En media hora **llega** al fondo de la madriguera y su desafortunado ocupante...[29]

Los tres verbos en presente de esta frase nos están dando una sensación de vivir el ahora que invita al lector a entrar en la escena prehistórica y, la mayoría de las veces, sin darse cuenta de que lo está leyendo en un tiempo gramatical del presente.

Las escenas retrospectivas o *flashback* son tan comunes en la narrativa en el presente como en el pasado. La siguiente cita muestra que hubo un hecho anterior al momento de la escena, y el cambio verbal, del presente al pasado, responde a una necesidad en la unidad de la acción:

---

[28] *Leonora*, de Elena Poniatowska.
[29] *Las aguas del Kalahari*, de la autora. Aunque en esta novela se desarrolla a finales del siglo xx, los bosquimanos del Kalahari siguen cazando como lo hacían en tiempos prehistóricos.

De pronto se le **ocurre** a la chica que **eligió** a aquel novio no porque lo **amaba,** sino por sus espaldas anchas, como su hermano.[30]

(Aquí hay que tener cuidado en la correcta aplicación del tiempo verbal. El mismo párrafo en el pasado debería decir "De pronto se le **ocurrió** a la chica que **había elegido** a aquel novio no porque lo **amara**...")

Movimiento entre el pasado y el presente
Hay autores que se mueven entre ambos tiempos con fluidez, y estas idas y venidas crean un ritmo multitemporal interesante. Es muy común entre los narradores en primera persona cuyo papel como protagonistas es la de investigador o periodista. Así lo hace Javier Cercas en *Los soldados de Salamina* cuando sigue el rastro de algunos protagonistas de la guerra civil española, en una novela en la que se alternan pasado y presente para contar básicamente algo que ocurrió hace decenas de años.

Otro ejemplo para consultar es el libro de Mario Vargas Llosa sobre la República Dominicana, en el que utiliza dos generaciones y tiempos verbales. El autor elige narrar en presente ciertos eventos del pasado con personajes reales y ficticios.[31]

Nuevamente, la advertencia: la variación de tiempos gramaticales hace una lectura dinámica, pero requiere saber cuándo y por qué hacerlo. El menos avispado a veces se olvida de que había decidido usar cierto tiempo verbal y cae, involuntariamente, en otro:

---

[30] *Ídem*
[31] *La fiesta del chivo,* de Mario Vargas Llosa.

> La canoa se **deslizaba** por el río. Yo **conocía** bien ese río, porque **nací** en sus orillas. Pero por alguna razón **sentía** miedo. Tal vez porque se **percibe** olor a lluvia en el aire, no sé.

No hay razón alguna para saltar al presente "percibe". Este caso es, a todas luces, una equivocación.

Pero el error más común sucede en los textos narradas en presente, donde se cae en verbos en pasado por hábito (ya que se trata intrínsecamente de *historias,* de algo que ya ocurrió). Por ejemplo, en las dos últimas oraciones:

> La canoa se **desliza** por el río. Yo **conozco** bien este río, porque nací en sus orillas. Pero por alguna razón **sentía** miedo. Tal vez porque se **percibía** olor a lluvia en el aire, no sé.

El escritor menos experimentado tendrá que duplicar la atención hacia estos movimientos temporales incoherentes, que son casi siempre involuntarios. Es imperativo revisar los tiempos verbales para detectar errores.

Si se quiere jugar con los tiempos, un párrafo separado, focalizado en uno u otro como ejemplificamos en la página 60 puede que funcione. De otra forma, los plurales enredos son de esperar.

El futuro

Una ficción puede usar el tiempo futuro, pero no es una fórmula retórica habitual. En *Aura,* ya citada, Carlos Fuentes se dirige a un *tú* en un futuro de comienzo a fin:

> Vivirás ese día, idéntico a los demás, y no volverás a recordarlo.

Y lo mantiene durante cien páginas, hasta el final:

Hundirás tu cabeza, tus ojos abiertos, en el pelo plateado de Consuelo.

Este estilo es más peligroso en manos de un escritor novel, que correría el riesgo de producir una imitación, un mero remedo de un estilo. Si se arriesga, deberá andar con pies de plomo, no de plumas.

El uso del futuro es más común en la poesía ya que no se trata de mantenerlo durante muchas páginas. El conocido poema de Bécquer es un ejemplo:

> Volverán las oscuras golondrinas
> en tu balcón sus nidos a colgar
> Y otra vez, con el ala en tus cristales,
> Jugando llamarán.
> [...]
> Volverán las oscuras madreselvas
> De tu jardín las tapias a escalar
> Y otra vez a la tarde aún más hermosas
> Sus flores se abrirán.[32]
> [...]

El narrador y el tiempo verbal

a) Tradicionalmente, lo más común ha sido escribir desde la perspectiva de la tercera persona, con los verbos en pasado.

---

[32] Volverán las oscuras golondrinas, de *Rimas (1871)* de Gustavo Adolfo Bécquer,

> Al aparecer Augusto a la puerta de su casa extendió el brazo derecho, con la mano palma abajo y abierta, y dirigiendo los ojos al cielo quedóse un momento parado en esta actitud estatuaria y augusta. No era que tomaba posesión del mundo exterior, sino era que observaba si llovía.[33]

b) O en la primera persona, en pasado:

> Vine a Comal porque me dijeron que acá vivía mi padre, un tal Pedro Páramo. Mi madre me lo dijo.[34]

c) La tercera persona en presente, como ya hemos visto en la página anterior, ha sido adoptada por varios autores. Yo la he preferido para narrar dos de mis novelas:

> El padecimiento de Ernesto es tan intenso que cree que tiene que volver a aprender a respirar. Ha estado sentado allí [...] en un estado casi cataléptico, desde que llegó de la escuela. Esto es, hace una hora, o dos, ¿o tres? El tiempo se le ha vuelto una realidad escurridiza, apenas una sucesión de emociones sin longitud mesurable.[35]

d) Menos común es la conjunción de la primera persona con el presente. Es una combinación más difícil de lograr correctamente. Se puede aplicar sin complicaciones en un cuento corto. Aún con referencias al pasado, el cuento está indiscutiblemente narrado en el presente:

---

[33] *Niebla*, de Miguel de Unamuno.
[34] *Pedro Páramo*, de Juan Rulfo.
[35] *El encuentro*, de la autora.

> **Son** las treinta y ocho horas. Centauro ya se **estremece** en el horizonte. Vine sola, como debe ser. Solo las tres lunas rojas me acompañaron. Una ya se escondió detrás de la Torre del Progreso. Las otras **siguen** palpitando en el cielo violáceo.

Más audaz es aplicarlo a la novela. Un ejemplo clásico es la de Camus, escrita en la primera mitad del siglo XX:

> Hoy ha muerto mamá. O quizá ayer. No lo sé. Recibí un telegrama del asilo [...]. El asilo de ancianos está en Marengo, a ochenta kilómetros de Argel. Tomaré el autobús a las dos y llegaré por la tarde.[36]

Insisto: a un escritor novato le resultaría un poco arriesgado lanzarse por esta vía. Si se atreve, tendrá que estar alerta a mantener tiempo y perspectiva de manera consistente y los cambios deberán responder a la acción.

El tono

Una vez que hemos decidido el género, el tiempo verbal y la perspectiva, habrá que pensar en el **tono** a adoptar.

El tono no es el tema, sino algo así como la atmósfera, el aura, el matiz o el registro desde el que habla el escritor (es decir, cómo suena) y la emoción que adquiere la voz narrativa, la que el autor quiere transmitir.

Puede ser un tono tranquilo, formal, informal, culto, coloquial, vital, cómico, celebratorio, burlón, dramático, desesperado, deprimente, irónico, irrespetuoso, nostálgico, rebelde, cortante, sombrío, celebratorio...Podríamos llenar páginas con adjetivos aplicables al caso.

---

[36] *El extranjero,* de Albert Camus.

El tono es clave para comprender una obra y en algunas se da desde el comienzo. En "El almohadón de plumas", por ejemplo, Horacio Quiroga, uno de los más virtuosos cuentistas de Latinoamérica, va creando una atmósfera ligeramente incómoda desde el primer párrafo, con un tono que ya apunta a lo nefasto y que va desarrollando en grados de creciente angustia.

> Su luna de miel fue un largo escalofrío. Rubia, angelical y tímida, el carácter duro de su marido heló sus soñadas niñerías de novia. Lo quería mucho, sin embargo, a veces con un ligero estremecimiento cuando volviendo de noche juntos por la calle, echaba una furtiva mirada a la alta estatura de él, mudo desde hacía una hora.[37]

Sus *escalofríos, estremecimientos* y *miradas furtivas* ya nos dan la pauta de lo que van a ser, de allí en adelante, escenas cargadas de adjetivos sombríos donde lo angelical se mezcla con la anemia, el silencio hostil, el extravío, el hundimiento y el terror.

Esto no quiere decir que una narrativa tenga que mantener el tono de comienzo a fin. Puede evolucionar dentro del texto, empezar con una atmósfera trivial y convertirse en algo sórdido. Sin embargo, una buena escritura por lo general inserta, en esta misma atmósfera inicial y pseudo trivial, algún indicio del tono que dominará el resto de la obra. Por eso es necesario plantearse desde el comienzo cuál es ese tono que queremos darle a nuestra composición.

---

[37] *Cuentos de amor, de locura y de muerte*, de Horacio Quiroga.

EJERCICIOS

1. Reescribir este párrafo modificando la última oración, introduciendo la perspectiva de la primera persona:

> Se encendieron las ventanas en la casa y las luciérnagas en los árboles. Alguien había dejado prendida una televisión, o una radio, y desde el jardín se podía escuchar una sinfonía de Gustav Mahler. Las cuerdas desgranaban notas en descenso, con un tono angustiante.

2. Reescribir este párrafo corrigiendo los tiempos verbales:

> En algún lugar, hacia el este, entre las hojas gigantescas de esa floresta, se esconde la ciudad de las pirámides, la que aún no largó todos sus secretos. Luis se sentó en la escalinata y extrae su cuaderno de notas.

Consulta la página de Respuestas y sugerencias.

Capítulo 3: el lenguaje inapropiado o mal aplicado

Los escritores, naturalmente, nos esmeramos en conseguir el lenguaje más elocuente, como un artesano se esfuerza en tallar los trazos más finos en su obra. Pero para lograr un buen estilo, debemos dar igual peso a lo que incluimos como a lo que excluimos. Por el momento creo conveniente enfatizar lo segundo, para sacárnoslo de encima de entrada y así poder comenzar la escritura con el pie derecho.

Los estereotipos y el lenguaje sexista

Una cosa es el lenguaje sexista y peyorativo en boca de un personaje, necesario siempre y cuando obedezca a su perfil; otra cosa es el lenguaje del narrador omnisciente. El chiste del borracho y la fea hoy es inadmisible. El autor que se expande en describir la obesidad de un personaje solo porque cree con eso dar colorido y humor a su narración, y no porque se relacione con el argumento, está apenas revelando su propia pobreza de imaginación. Ningún chiste prejuicioso va a ocultar su falta de mérito.

La sensibilidad ha cambiado y hoy no son aceptables la misoginia, el machismo, la homofobia y los estereotipos sexuales, generacionales o raciales (por mencionar los más comunes) ni la denigración de personajes por su aspecto, edad u origen. Es deber del escritor desterrar tal lenguaje de su narrativa; a menos que, reitero, tengan una función cuando se le atribuye a un personaje.

Las profanidades
Alguna que otra vulgaridad, cuando la escena lo pide, se puede incluir sin bajarle calidad al texto. Tanto puede estar en boca del personaje como del narrador en primera persona si este es partícipe en la historia, siempre que sea realista y necesario. Pero si el escritor se apoya en el lenguaje soez o chabacano porque piensa que esto va a impactar al lector, bien, puede que lo impacte, pero... ¿de qué manera? La abundancia de profanidades no hace una buena lectura.

En la poesía o prosa poética, la inclusión de un lenguaje crudo, en mi opinión, no tiene lugar, porque la lírica habla desde y hacia un centro sensible que rechaza lo mundano, lo profano y lo prosaico.

Clichés, refranes, truismos y otras muletillas
El cliché se evidencia en escenas similares y predecibles y personajes univalentes y de corte también predecible. El llamado "lugar común" es señal de un pensamiento no examinado. Antes de usar un truismo (del tipo de *el tiempo cura todas las heridas..., el amor de madre es sagrado*, etc.) es necesario tomar un momento para cuestionarnos si es realmente así o estamos apenas reforzando lo que ya se ha vuelto algo manido o manoseado. Lo mismo cuenta para las frases hechas del tipo *mala hierba nunca muere..., de tal palo tal astilla..., la gota que colma el vaso..., no descansar sobre los laureles...* y cientos de ellas.

Conviene preguntarse si, como escritores, nuestro caudal lingüístico no guarda algo mejor que clichés, frases hechas, lugares comunes y refranes gastados. Estas son diferentes palabras para lo mismo: vicios del lenguaje.

En cuanto a los dichos populares, por cierto estos pueden encerrar cierta sabiduría, pero su abuso no tiene lugar en la literatura. La abundancia de proverbios ya había sido motivo de sorna por parte de don Quijote cuando Sancho Panza le responde a todo con un refrán.

—¡Setenta mil Satanes te lleve a ti y a tus refranes, una hora ha que los estás ensartando y dándome con cada uno tragos de tormenta!
—¡Por Dios Señor nuestro, amo! —replicó Sancho— ¡que vuestra Merced se queja bien de poca cosa! ¿A qué diablos se pudre de que yo me sirva de mi hacienda, que ninguna otra tengo, ni otro caudal alguno, sino refranes y más refranes?

Contengámonos entonces, no sea que nos ocurra como a Sancho Panza, tan pobre que su "caudal" apenas consistía en refranes ajenos. Seguramente nosotros tendremos reflexiones propias.

Una buena práctica sería jugar con los dichos, reciclarlos y tergiversarlos. Estas irreverencias lúdicas ponen una sonrisa en labios del lector. Juan Villoro sostiene en un ensayo que "tan importante como inventar palabras es renovar el sentido de las que ya existen."[38]

Ciertamente, la sorpresa, la inversión de valores o el uso concomitante de dos pensamientos opuestos son tejemanejes comunes en la literatura. Y buscarles el reverso a los lugares comunes puede brindar sorpresas.

---

[38] *La utilidad del deseo. Ensayos literarios,* de Juan Villoro.

Aquí se me ocurren las siguientes, pero animo a los escritores a inventar las suyas propias:

El que guarda, tiene, cambia de sentido trastrocando la sintaxis:

El que tiene, guarda, lo que puede referirse a alguien miserable.

O este:

Tanto va el cántaro a la fuente que termina por romperse, tendría otro sentido si se cambia el final, y le daría un giro cómico, según el contexto:

Tanto va el cántaro a la fuente que termina por enamorarse de ella. O, *...termina por creerse fuente.*

Se le adjudica a Cantinflas haber dicho a un hombre con quien discutía: "Pero oiga, mire nomás, ¡qué falta de ignorancia!".

Naturalmente, estas malicias funcionan si se quiere dar al texto un tono humorístico, irónico o desafiante.[39]

Admito que ciertas frases comunes sirven por su función metafórica, y no es pecado capital utilizarlas ocasionalmente (y varias se encontrarán en este ensayo). Pero conviene no recurrir a las más usadas, aunque sean fácilmente reconocidas por la audiencia, como esta:

¡Él cree que puede encontrar una aguja en un pajar!

Hay otras frases más atractivas, aunque menos populares, que despertarán la curiosidad del lector, y también cumplen su función metafórica. En lugar de la aguja en el pajar, considero más evocativo una como esta:

---

[39] En el momento en que escribo este libro me he encontrado con varios de estos dichos tergiversados, en nombre del humor, necesidad impuesta por las circunstancias. Por ejemplo: "A papel higiénico regalado no se le mira la marca". O "más vale mascarilla en mano que tos en humano", y otras en la misma vena.

¡Él cree que puede resolver la cuadratura del círculo!

El sentido original de imposibilidad y extremo optimismo se mantuvo en esta última versión, al tiempo que la escritura cobró más brillo.

Lo mismo ocurre con los refranes de las Escrituras. Algunos, muy populares y reconocibles, suenan gastados:

... y allí construyó su castillo de arena.

Hay otros menos trillados (dependiendo del público), pero más enigmáticos:

.... Y cayó, como aquel en el camino de Damasco...

Demás está decir que, si queremos usar uno porque *nos viene como anillo al dedo*, se lo debe citar sin errores. Recuerdo que una vez mi padre le preguntó a un comerciante —que se quejaba de excesivo trabajo— por qué no se buscaba un socio. Y el hombre le respondió:
"No, don Sturam, ¡yo solo me lamo un buey!"[40]
Me consta que el hombre no era un humorista ni un excéntrico.

Hay autores, como Borges, que usan referencias librescas, y el lector menos versado en los *arduos corredores* de la metafísica, la filosofía, las religiones y la literatura clásica se queda rascándose la cabeza. Raro es el lector que no necesite consultar la enciclopedia o el internet para llegar a entender el vasto trasfondo cultural de este escritor. Por eso mismo, merece ser estudiado. Pero si queremos ser Borges y, como él, usar referencias muy oscuras y cultas, lo más aconsejable es adquirir primero su

---

[40] El dicho es "buey solo bien se lame".

cultura. En su defecto, se puede echar mano de referencias más accesibles o, al menos, con las que estamos más familiarizados. Por ejemplo, en esta frase del ya citado Montaner, el escritor se refiere a dos términos que, a pesar de ser mitológicos, ya forman parte de la cultura popular:

> Los alemanes siempre han estado más cerca de Tánatos que de Eros.[41]

Lenguaje coloquial o regional

Es importante observar esta diferencia para no adjudicarle al narrador el lenguaje propio del personaje, y viceversa. Aquí no me refiero a obras escritas en chicano o dialectos fronterizos, las cuales corresponden a lenguas híbridas, sino a las escritas en español.

Si el narrador no es un *yo* ficticio, sino una tercera persona ajena a la trama, su español tendrá que ser estándar. Sus protagonistas, en cambio, para ser creíbles, irán a reflejar sus propias modalidades lingüísticas, nacionales o regionales y podrán hablar en un lenguaje popular o jerga con todos los matices locales o dialectales, de modo que suenen auténticos.

Miguel Ángel Asturias no vacila en utilizar el voseo y el arcaico *jue* por *fue,* tan propio del campesinado de Guatemala y de otros países, cuando hablan sus personajes, pero no así el narrador:

> Adelaido Lucero sacó la cara a la noche oscurecida por el relente de la tiniebla sin luna, sin estrellas, con una que otra luminaria de los campamentos.

---

[41] *Otra vez adiós,* de Carlos Alberto Montaner.

> —¡Vos ves, hoy jue Pantaleón, mañana será uno de nosotros! ¡Dios guarde...![42]

Lo mismo hará Juan Rulfo, algo más tarde:

> —¿Y pa ónde te vas, si se puede saber?
> —Me voy pal Norte.
> —¿Y allá pos pa qué? ¿No tienes aquí tu negocio? ¿No estás metido en la merca de puercos?
> —Estaba. Ora ya no. No deja. La semana pasada no conseguimos pa comer y en la antepasada comimos puros quelites. Hay hambre, padre; usté ni se las huele porque vive bien.
> ...De los ranchos bajaba la gente a los pueblos; la gente de los pueblos se iba a las ciudades. En las ciudades la gente se perdía; se disolvía entre la gente.[43]

Nótese que la sintaxis y el léxico en el primero y último párrafos, que es la voz del narrador, difieren de la del diálogo, porque carecen de los modismos y la gramática popular usadas por los dos campesinos.

Se pueden marcar con itálicas, aunque esta es una elección del editor, si lo hay. Esto se aplica también a las palabras mal pronunciadas:

> —Les dijo que después del ¿arminicio?, no entendí bien, entre la URNG y el Gobierno... [44]

---

[42] *Viento fuerte*, de Miguel Ángel Asturias.
[43] "Paso del Norte", cuento de Rulfo de *El llano en llamas*.
[44] *El Encuentro*, de la autora

Ahora bien. Si el narrador es la primera persona y parte de la narrativa, él o ella entonces podrá usar el lenguaje regional que le sea propio:

> —Yo también rajé los tamangos en busca de una changa —me dijo el Chulo cuando me vio en la esquina.
> Yo acababa de levantarme y andaba en chancletas, todavía con resaca, porque la noche anterior me había agarrado una curda colosal en un boliche. Pero el Chulo creyó que mi falta de zapatos indicaba miseria. Tuve que reírme...

En este ejemplo, tanto el Chulo como el narrador hablan en lunfardo solamente porque este *yo* que narra la historia ficticia es otro personaje (no necesariamente identificado como la autora).

Aun cuando el límite entre el *yo* inventado de una ficción y el *yo* autobiográfico sea borroso, el autor/narrador puede usar un lenguaje regional u otro salido de su pluma. Tal es el caso del ocasional *espanglish* de algunas novelas de autores hispanos con nexos en los Estados Unidos.

Por ejemplo, el autor de origen puertorriqueño Junot Díaz desliza su idiosincrático vocabulario fronterizo:

> Su <u>nerdería</u> adolescente evaporaba la menor oportunidad de un romance.[45]

En cualquier caso, el uso excesivo del coloquialismo y regionalismo es peligroso, porque puede terminar por cansar al lector. En una novela llamada *El paraíso,* su autora basó su narrativa en un lenguaje regional de modo

---

[45] *La breve y maravillosa vida de Óscar Wao,* de Junot Díaz

tan implacable que resultó inauténtico, y me llevó a abandonar su lectura.

Si se hace necesario usar palabras en otro idioma o en una jerga no común al lector hispanohablante, conviene adicionar un glosario. Un argentino no sabe lo que es una "milpa" y un mexicano no sabe lo que es la "pava" (que, de hecho, no es la hembra del pavo). Una misma voz, "changa", por ejemplo, tiene en diez diversas regiones de Latinoamérica diez significados diferentes.

Por supuesto, si se decide darle color local al texto, hay que asegurarse de estar bien familiarizado con el mismo. Un problema serio es la falta de coherencia. Si el paisano dice *pa'l norte,* seguramente dirá también *pa'l sur,* no *para el sur,* y menos *rumbo al sur...*[46]

Concluimos: el uso de regionalismos debe reflejar el habla común del personaje. El narrador en primera persona lo puede adoptar si es al mismo tiempo personaje. El narrador en tercera persona, en cambio, se expresa en un lenguaje neutro. No debe usarse a menos que uno lo conozca bien; caso contrario, un consultor lingüístico salvará la situación.

El lenguaje según el sexo, la edad y la clase social del personaje

Si un autor del sexo masculino crea un personaje femenino, corresponde que adquiera el lenguaje femenino y encuentre la voz que suene verosímil, porque hay una marcada diferencia en el léxico de cada uno. Una mujer no habla igual que un hombre y viceversa, o incluso que un o una homosexual. Un test para saber si nuestros inventados individuos reflejan la manera genuina de expresarse en

---

[46] Conocedor de estos principios, Mark Twain se vio obligado a dar una explicación del uso dialectal en *Las aventuras de Huckeberry Finn.*

relación a su género, cuando es diferente a la del emisor/autor, es someterlo al juicio de otras personas del mismo género del personaje en cuestión. Otra táctica es extraer los diálogos de la vivencia diaria y estudiar sus diferencias, especialmente en el uso de los pronombres personales.

El libro *La vida secreta de los pronombres*[47] tiene bastante que decir sobre esto, al menos en el idioma inglés. Por ejemplo, según la investigación, los hombres usan palabras más largas, especialmente más sustantivos y números; las mujeres utilizan más pronombres personales y posesivos *(yo, ellos, ellas, mi, mis)* y más verbos cognitivos *(pensar, creer, razonar...)*. Las conversaciones entre hombres y entre mujeres también varían en contenido. Las mujeres conversan sobre otras personas y abundan en palabras relacionadas con el entorno social *(amigos, padres);* los hombres hablan sobre objetos.

Pero todo esto son generalidades, y las generalidades son arriesgadas. Además, nótese que estas observaciones fueron hechas sobre el idioma inglés en una sociedad anglosajona, donde las relaciones sociales son diferentes. Resta saber si es aplicable a otras sociedades y al idioma español. De cualquier forma, lo menciono con la esperanza de que el escritor esté atento al hecho irrefutable de que, en general, existe un léxico diferente para cada género. Observarlo en nuestra propia lengua sería entonces una tarea importante a fin de poder pintar a los hombres, mujeres, bisexuales, homosexuales u otras variantes que se mueven en la narrativa, y redactar los diálogos de la manera más convincente.

Otro punto obvio es observar el lenguaje adecuado a la edad y a la clase social del personaje. Un campesino

---

[47] *The secret life of pronouns*, de James Pennebaker.

iletrado difícilmente dirá: "Hemos tomado la decisión de invertir en la soja para la labranza, porque la balanza de pagos está en nuestro favor y las importaciones traen divisas al país." Y un niño tampoco se expresaría como sigue: "Señor, dígame si esta tierra bendecida por la fertilidad y bañada por el sol le pertenece a usted o al terrateniente."

Por cierto, ningún lector de este libro escribiría algo así. Escogí un ejemplo exagerado a fin de hacerlo memorable, para que pongamos atención en nuestros diálogos a lo que suena posible y verídico y a lo que chirría.

Los énfasis, las elipsis y las onomatopeyas

Los <u>signos de exclamación</u> para enfatizar algo deben ser reservados para casos especiales.

Esta frase: *¡Por fin llegó la mañana!* no justifica la señal admirativa. ¿Alguna vez no ha llegado la mañana? Y esta otra: *¡El día era esplendoroso!* tampoco es un caso tan especial, meritorio de signos (a menos que vivas en el bosque de lluvias). Los usamos, en cambio, cuando se quiere transmitir un sentimiento vivo, una llamada enérgica, una reprimenda u otras formas de interjección, tales como *¡Ay! ¡Dios mío! ¡Qué has hecho!*

El matiz de sorpresa e indignación justifica la exclamación.

La tendencia a usar <u>elipsis o puntos suspensivos</u> (...) es resabio de una modalidad antigua. Hoy el estilo es más sobrio y somos menos aparatosos. Claro que todavía los aplicamos cuando conviene, y no es un defecto de carácter usarlos en ocasiones, pero lo cierto es que la prosa actual es..., digamos..., ¡suspira menos! (me he permitido la licencia con fines ilustrativos).

Las <u>onomatopeyas</u> pertenecen al lenguaje oral, a los cómics y a la literatura infantil, no tanto a la escritura creativa para lectores adultos. Si en la historia se escuchan tiros, no escribirás *De repente se escucha ¡pum! ¡pum!,* sino que *se escucha un tiroteo* o *lo sorprendió una balacera,* o como quieras describirlo.

Los diminutivos

La redundancia se da a menudo con el uso del diminutivo. Si decimos "el pequeño", no hay necesidad de continuar con *su bracito, su manita…* Ni hay por qué escribir *ojillos* para una *avecilla.* Aunque fuera el mismísimo país de *Liliput,* una vez que se ha establecido que todo es pequeño, no deberíamos machacarlo con los finales *itos o illos,* porque el efecto, en vez de pintar una escena verosímil, termina cansando.

Por supuesto, hay objetos y expresiones que solo se definen por su diminutivo, y de ellos no podemos escapar.[48]

Tampoco son obligatorios en la literatura infantil.

---

[48] Las *manecillas* del reloj, la *puntilla* de un bordado, los *palillos* de dientes o los *palillos* chinos, los *pocillos,* los *platillos* de una orquesta y muchos otros que hay que seguir *a pie juntillas.*

EJERCICIOS

Cambiar los clichés o refranes para darles un giro humorístico, diferente o contradictorio.

a. No hay mal que por bien no venga.

b. En boca cerrada no entran moscas.

c. El que mucho abarca poco aprieta.

d. De tal palo tal astilla.

e. Donde comen dos, comen cuatro.

f. Mal ajeno, consuelo de tontos.

Consulta la página de Respuestas y sugerencias.

Capítulo 4. La excelencia en el estilo, I

Contaba Ernesto Sábato que tenía un profesor muy rebuscado. Cuando sus estudiantes le entregaban sus ensayos, no decía que los calificaría, sino que los iba a "someter a un discernimiento".

Una buena manera de matar un texto es usar un estilo afectado y palabras grandilocuentes. Tampoco un lenguaje descolorido o repetitivo le da vida. La escritura debe ser ni muy verbosa y alambicada ni muy sosa. El condimento preciso no es solo para los platos más exquisitos. Las recomendaciones reunidas en este capítulo podrán ser las especias adecuadas para lograr un texto vívido y sugerente, es decir, bien temperado.

La pregunta que se impone es: ¿somos buenos jueces de nuestras propias creaciones? El poeta Robert Frost afirmó, en una carta a un amigo: "El oído es el único verdadero escritor y el único verdadero lector".[49] Yo quisiera agregar: y el verdadero juez que dictamina. Y este *oído* se refina con la buena literatura, porque, al leer, los elementos estilísticos de alguna manera penetran en nuestra mente y nos sirven de guía para discernir lo que fluye bien de lo que

---
[49] Carta de Frost a John Bartlett, 1913

va a los tropiezos; lo altisonante de lo natural. Tampoco se trata de copiar estilos, sino de escuchar y de crear y cultivar nuestra propia voz. Un estilo sin adornos puede ser tan valioso como uno muy vestido o atrevido.

En busca de la elocuencia

Un buen consejo ya nos lo daba el gran cuentista uruguayo cuando escribió: "No adjetives sin necesidad. Inútiles serán cuantas colas de color adhieras a un sustantivo débil. Si hallas el que es preciso, él solo tendrá un color incomparable. Pero hay que hallarlo."[50] Por "débiles", Quiroga se refiere a sustantivos que no suscitan una imagen certera.

El surgimiento del vocabulario es algo mágico. Algunos privilegiados parecen poder sacar de la manga la expresión certera. Otros estamos a merced de los caprichos de nuestro aparato mental, que se empecina en cerrarnos la puerta y empañarnos las ventanas. No sabemos en qué rincón está acuartelado aquel vocablo que buscamos, o en qué rueda gira, pero intuimos que, como las ideas platónicas, las palabras y las construcciones fonéticas existen en algún plano ideal independientemente de nosotros. ¿Cómo capturarlas y hacerlas nuestras?

Un diálogo en la película *El postino* me resultó inolvidable. Neruda, en una escena en la que está trabajando en un poema, se dirige a su amigo pescador:

—Mario, ¡me falta un adjetivo para "red"!
—¡Triste! —le responde el pescador.

Hay algunas estrategias para invocar a este "pescador de adjetivos". En mi experiencia, es muy enriquecedor leer

---

[50] *Decálogo del perfecto cuentista,* de Horacio Quiroga.

activamente y observar las construcciones y los giros que no son parte de nuestro léxico familiar. Yo tengo por hábito anotarlos en mi lista de "parientes lejanos" y, de vez en cuando, los visito para estrechar los lazos. También anoto las asociaciones novedosas de sustantivos y adjetivos. Nunca las copio tal cual en mis escritos, pero me inspiran para imaginar combinaciones afines.

También es útil recurrir a la llamada "lluvia de palabras", siempre que se haga de manera focalizada. Por ejemplo, si vamos a escoger un adjetivo negativo para un personaje, podemos jugar con el prefijo adverbial *mal*. Se nos ocurre *maldito, malhumorado, malhadado, maltrecho, maltratado, malhablado, malcarado, malintencionado, malparido*. Tal vez no se nos ocurra *malgeniado*. Tal vez ni figure en nuestro diccionario de sinónimos, pero es lícito. Lo metemos en la bolsa de los malabarismos y nos lo apropiamos. Si el concepto es positivo, buscaremos el prefijo *bien* o *bene,* hasta encontrar un adjetivo que nos atrapa.

Asimismo, es productivo escribir de manera específica y no general, especialmente en una descripción. Si nos referimos a un volcán, llamémosle por su nombre: *el Popocatépetl, el Nevado, el Reventador…* ; si se trata de un coche, nombrémoslo por el tipo o marca; en vez de andar por una calle indefinida, aclaremos que caminábamos por la *Avenida de la Revolución*. Juguemos a lo Adán y nombremos las cosas.

Sustantivos y verbos versus adjetivos y adverbios

En los manuales de estilo y en las clases y talleres de escritura se suele afirmar que hay que usar más sustantivos y verbos que adjetivos y adverbios. Hasta se ha dicho: "¡Si encuentras un adjetivo, mátalo!".

Permítaseme discrepar.

Es cierto que el verbo es el motor del lenguaje, el que lo pone en movimiento. Al ser acción, es más vital; y el adjetivo, más estático. Pero ¿es una fórmula infalible? Un análisis morfológico de textos publicados en el Kindle, realizado por un programa de Amazon, comparó las novelas que se leían hasta el final con las que el lector abandonaba por la mitad (dato este que, no es de extrañar, es asequible a la citada compañía); y, ¡oh sorpresa!, el estudio concluyó que las primeras, las que se leían más, contenían más adjetivos.

Debemos concluir que el secuestro y asesinato de adjetivos no es un buen consejo.

El estilo de un escritor puede ser exuberante o llano, no es eso lo que importa. Alejo Carpentier, en su novela ya citada de 1953, *Los pasos perdidos*, hace uso de una construcción de barroca suntuosidad y belleza dentro de un marco exótico descrito en forma deslumbrante. No escatima adjetivos. Por otro lado, un escritor como Jorge Issac, eternizado con su novela romántica *María*, no se destaca por un lenguaje adornado.

El punto nodal aquí es saber seleccionar el adjetivo y el sustantivo exacto. Aquí, entonces, van algunas advertencias sobre qué excluir y qué incluir.

Si hay exceso de adjetivos obvios (la verde hierba, el azul cielo, la nieve blanca, las rosas olorosas, el ruidoso tránsito*)* o desgastados (la dulce canción de cuna, un loco amor...), ese es el momento de largar el lapicero, o mandar a dormir la computadora, tomar un libro de buena poesía y dejar que las imágenes despierten nuestro modo mental no lineal. Y este modo nos ayudará a encontrar un substituto más elocuente, tal vez una metáfora, una analogía, un sonido evocativo u otra de las formas no convencionales del paisaje simbólico que llamamos figuras retóricas.

LAS REPETICIONES

En la escritura hay dos tipos de repeticiones: las intencionales, producto de nuestra habilidad poética, y las aburridas, derivadas de un vocabulario limitado, del descuido o de la simple pereza intelectual.

Empecemos por las positivas, tan propias de la lírica. Los versos de Calderón todavía nos encantan por la duplicación de las palabras del comienzo (anáfora) y de dos sustantivos, *vida* y *sueño*, además de su musicalidad y aliteraciones.

> ¿Qué es la vida? Un frenesí.
> ¿Qué es la vida? Una ilusión,
> una sombra, una ficción,
> y el mayor bien es pequeño;
> que toda la vida es sueño,
> y los sueños, sueños son.[51]

También en la prosa, autores clásicos y contemporáneos echan mano de las reiteraciones. En este fragmento, la anáfora es la repetición del posesivo al principio de cada frase, en un paralelismo que también tiene una función de énfasis:

> <u>Suyo</u> es el desgaste apacible de la rueda del molino, <u>suyos</u> la paciencia del camello y el aguante de la roca.[52]

En el siguiente caso se repite el mismo objeto:

---

[51] *La vida es sueño*, de Pedro Calderón de la Barca.
[52] *Pecado*, de Laura Restrepo.

> Pero, en ese momento, la noche se llenó de tambores [...], tronaban los tambores radás, los tambores congos, los tambores de Bouckman, los tambores de los Grandes Pactos, los tambores todos del vudú.[53]

Los tambores ya retumban en nuestro oído y el autor consiguió envolvernos en la escena.

Hay repeticiones consecutivas que no pertenecen al imaginario poético, pero tienen una soberana razón estilística. Si al personaje se le antoja manifestar: *Llovió y llovió todo el día,* para machacar en la continua acción de la lluvia, no hay por qué censurarlo.

Otras, llamadas pleonasmos, también son aceptadas cuando dan brío a la expresión, como esta (que cito a modo de ejemplo y no para imitar ya que está bien gastada):

¡Mírame con tus ojos!

Todas estas modalidades se adecuan a una función específica.

En un principio, el escritor necesita asegurarse de que sus reiteraciones sean así, funcionales, lúcidas, y no mecánicas, por hábito o por error. Nos gusta una palabra y sin querer la repetimos demasiado. Cuanto más usa uno un vocablo, más tiende a usarlo. Cuanto más se nos pega, más automático se vuelve, porque está fresco en la memoria, porque todavía resuena en el centro neuro-verbal, y la mente nos lo da servido. No hay nada más sencillo en el mundo que volver a hacer lo que ya se ha hecho. El hábito produce canales (sinopsis, estrictamente hablando) por los cuales corre un río mental que cada vez profundiza más su lecho y más agua acarrea. Pareciera que

---

[53] *El reino de este mundo,* de Alejo Carpentier.

ser repetitivos fuera una ley cósmica, como los fractales, como la séptima nota de la escala musical que vuelve a la tónica y a reproducir la misma escala, ascendente o descendente. Por eso, el escritor hace un trabajo "a contrapelo", porque el automatismo no es sinónimo de acto creativo.

Si sospechamos que hemos caído varias veces en la palabra "atardecer", por ejemplo, sirvámonos del buscador del programa para detectar dónde aparece. Un buen diccionario a mano o en la pantalla nos dará otros sinónimos adecuados: *caída del sol / ocaso / final de la tarde / oscurecer / anochecer*... y alguna otra expresión que hayamos atesorado en la recomendada libretita, física o electrónica. Si ese atardecer es calificado una y otra vez como *triste,* también sirven *melancólico, mustio, lánguido* y otros tantos adjetivos.

Recuerdo una novela en la que el autor parecía fascinado con el color azul. En aquella pude constatar (gracias al lector electrónico que facilita este tipo de análisis, al que solo me aboqué después de sospechar cierta obsesión) un verdadero festival de azules en todas sus gamas: pálidos, intensos, oscuros, brumosos, marinos, aterciopelados, azulados..., unos veinte en sus 160 páginas.[54] El autor recibió un Premio Nobel y la novela citada es, básicamente, buena. Pero sabemos que *al mejor cazador se le escapa la liebre.* Por eso, al editar, es aconsejable tener en cuenta la trilogía: buscar, detectar, sustituir. Y tengamos a mano otra liebre (cazada de buenos diccionarios) que nos sirva mejor.

Además de la repetición de palabras, está el tipo reiterativo de lo conceptual, la explicación demorada, lo recurrente. No es necesario insistir en lo que ya se dijo en

---

[54] *La calle de las tiendas oscuras,* de Patrick Modiano.

la misma página, o enfatizar lo manifestado de manera diferente con extensas paráfrasis. Las reiteraciones son lícitas en una tesis o un libro didáctico que, por su naturaleza, debe batir en la misma tecla (como este). En la ficción, una frase bien hecha debería bastar.

LO REDUNDANTE Y LO SUPERFLUO

Algunas expresiones redundantes son aceptables en ciertos contextos, por énfasis, como el citado pleonasmo (pág. 95). Otros son errores inexcusables, como *subir arriba*, *su hija mujer* y otros tantos (recomiendo consultar los artículos de la red que ofrecen numerosos ejemplos).

En general, pecamos de lo superfluo en los adjetivos. Examinemos, por ejemplo, los de estas frases:

>Un cielo límpido y sin nubes.
>Un diccionario pesado y voluminoso.
>Un paradigmático cambio de supuestos básicos.

En estas tres instancias, lo superfluo resulta obvio: un cielo límpido no tiene nubes; un diccionario voluminoso es pesado; un cambio de supuestos básicos es en sí un cambio de paradigma.

Si una luna brilla en el cielo, no necesita ser una *luna blanca y pálida en el azul celeste del cielo.* No hay duda aquí de que tenemos que usar el oído para ver dónde aplicamos las tijeras. Claro que, si la luna anuncia lluvia, puede llevar un halo; si preludia un crimen, puede ser roja; o si la escena es en otro planeta, bien, podemos ejercitar la imaginación.

Las explicaciones que se pueden obviar, obviémoslas. Si por la noche el personaje regresa al hotel, no es necesario agregar *para pasar la noche*. Si en la historia ya había decidido ir a cierto lugar, no hay por qué recordar al lector *como había planeado el día anterior.* Si se pone el pijama, no vamos a especificar *la camisa y el pantalón pijama.* Esto puede sonar a exagerado, pero sucede.

Como siempre, la parsimonia es más aconsejable que la prodigalidad si esta encierra redundancias.

Lo rebuscado

Por rebuscado se entiende un sustantivo o adjetivo que quiere ser original, pero peca de forzado, cuando no de confuso. Leí una composición de un estudiante en la que mencionaba un rostro *petrolífero*. Creí que sería *rígido* (de piedra = *petra*) u oleoso, o de un magnate de la industria, hasta que se me aclaró: era un sustituto de *negro*. ¿Quién iba a adivinarlo?

Los adverbios ubicuos

Algunos son demasiado profusos y otros, como los ubicuos terminados en el sufijo *-mente*, particular*mente* pesados. Estos tienen un maléfico poder de debilitar las frases cuando se abusa de ellos. He contabilizado unos veinte *-mente* en una historia de cinco páginas. Veinte moscas en un pastel.

Basta con teclear *mente* en el buscador para detectarlos y aventarlos. Si la necesidad se impone, los reemplazamos por otros adverbios o frases adverbiales equivalentes.

Ciertos adverbios que conviene suprimir si no son absolutamente necesarios son los de frecuencia: *ahora, recientemente, más tarde, con frecuencia, de pronto,* etc. Asimismo, conviene reducir repeticiones de tiempo y hora:

> Estuve pensando por <u>mucho tiempo</u> si debería llamarla. Al cabo de <u>una hora</u> decidí agarrar el teléfono.

Podría decirse, entre muchas otras formas:

Estuve pensando si debería llamarla. <u>Al cabo de una hora</u> decidí telefonearle.

O:

Decidí llamarla por teléfono <u>después de una hora</u> de debatirme con la duda.

También es común excederse con los adverbios *poco, muy* y *mucho*. El siguiente texto, extraído de un libro de autoayuda cuyo autor no lo editó suficie*ntemente* (es decir, *con la debida atención),* revela un lenguaje deficiente:

En aquel lugar crecían muchas flores de muchos colores, plantas que daban muchísimos frutos, y animales muy grandes y otros muy pequeños. En fin, existían muchas cosas interesantes.

¿No nos recuerda acaso el léxico de cierta figura pública? Nada profundo puede esperarse ni de un escritor ni de un político cuyo vocabulario gira en torno a expresiones como *es una desgracia, es un desastre, fue perfecto, es tremendo* y pocas más.

Sobre el empobrecimiento del idioma, Orwell dijo: "El desaliño en el lenguaje propicia pensamientos estúpidos".[55] Y, podríamos agregar: los pensamientos estúpidos propician las catástrofes sociales.

La verborragia y la prosa ornamentada

La prosa extensa y ornamentada en el español es una herencia de una modalidad pasada. Se componían

---

[55] *El poder y la palabra. Diez ensayos sobre lenguaje, política y verdad,* de George Orwell.

oraciones largas, enlazadas unas con las otras y con tono solemne —por no decir pomposo. Luego, con el romanticismo, se moderó el lenguaje y destronó la pomposidad; y ya el siglo XX experimentó un movimiento minimalista. Hoy hemos aprendido lo mejor de los dos estilos, y destacados autores escriben en una mezcla de lo antiguo y lo moderno y han creado el suyo propio. Al haber bebido de fuentes clásicas y contemporáneas, han podido romper los esquemas o reinventarlos. Esto es aleccionador para todas y todos: se puede ser atrevido cuando hay un conocimiento de lo que es tradicional; con un propósito y no por hábito o por querer copiar a la escritora tal o cual. Recuérdese que, en primer lugar, la consigna es decir más con menos (hay excepciones, que ilustraré más adelante).

Lo excesivo no se manifiesta solo en la torrencial lluvia de adjetivos o adverbios, sino en toda una constelación de palabras y expresiones innecesarias, que hace que un texto se vuelva pesado. Un párrafo verboso sería:

> Cuando le di el pan dulce, el chico, que de lejos se veía que no había comido por mucho tiempo y estaba medio raquítico y desnutrido, alargó una manito huesuda para tomarlo, pero no se animó a mirarme directamente a los ojos, tal vez por vergüenza. Tampoco me dijo gracias. Simplemente metió rápidamente el pan en el bolsillo, dio media vuelta y se fue por donde vino.

¿Se podría expresar lo mismo de forma más sucinta?

> Se le veía el hambre atrasada. Cuando le di el pan dulce, el chico lo agarró con su manito esquelética. Sin mirarme a los ojos y sin decir "gracias", se lo metió en el bolsillo y se fue.

Consideremos estas oraciones:

   a. Cuando llegó la noche comenzó a nevar.
   b. Con la noche vino la nieve.
   a. El desierto del Kalahari, que en lengua de los nativos significa 'allá donde van a morir los ríos', no es un absoluto desierto.
   b. El Kalahari ('allá donde van a morir los ríos', en lengua nativa) no es un desierto absoluto.

No hay nada objetable en las oraciones **a**; pero las **b** dicen lo mismo con menos palabras.

Es mejor ser conciso no solo en la sintaxis, sino también en la longitud de los términos. Por ejemplo:

   a. Sus características negativas.
   b. Sus fallas personales.

Lo Afirmativo y lo negativo

En Brasil existe una expresión muy *sui generis* cuando se pide algo prestado. El dueño del objeto suele responde, en tono humorístico: *Pode levar, ¡sabendo que é meu!* [56]

Es una manera oblicua y menos imperativa, pero a la vez más enfática de decir *¡No te olvides de devolverlo!* El énfasis está precisamente en ser afirmativa. Lo mismo se evidencia en estas oraciones:

   a. Él nunca le ponía leche o crema al café.
   b. Él siempre tomaba café negro.
   a. Él no creía que leer era una buena manera de usar su tiempo.
   b. Él creía que leer era una pérdida de tiempo.

---

[56] Puedes llevarlo, ¡pero sabiendo que es mío!

Las frases **b** son preferibles a las **a**, pero en este caso, como en la expresión brasilera, no es solo por su menor longitud sino por el efecto de una oración positiva. Se ha notado que lo afirmativo tiene más impacto. ¿Razón filosófica o filológica? No lo sabemos, pero vale la pena recordarlo.

Palabras conectoras

La estrategia más simple para ser concisos es liberarse en lo posible de palabras conectoras —como los relativos *que, el cual, quien* (y sus variantes femeninas y plurales)— y conjunciones —como *y, pero* y sus sinónimos. Veamos estos pares:

    a. La razón <u>por la cual</u> tuvo que dejar los estudios <u>era que</u> estaba muy mal de salud.
    b. La salud desmejorada le obligó a dejar los estudios.

    a. La hermana de su esposo, <u>quien</u> también era miembro del mismo grupo, tenía dos hijos.
    b. La hermana de su esposo, también miembro del mismo grupo, tenía dos hijos.

    a. El Chavo, <u>que</u> es el más famoso traficante, huyó de la cárcel.
    b. El Chavo —el más famoso traficante— huyó de la cárcel.

    a. Siempre tengo un sentimiento de añoranza en esas ocasiones, <u>pero</u> es una mezcla de tristeza y alegría al mismo tiempo.

b. Siempre tengo un sentimiento de añoranza en esas ocasiones. Es tristeza y alegría a la vez.

En las versiones **b** hemos desterrado el uso de las palabras vacías, y el resultado dio frases más sólidas.

NEOLOGISMOS Y ANGLICISMOS

Los idiomas son sistemas perpetuamente abiertos y vivos. Cada año están entrando expresiones acuñadas en diversos campos. Por lo tanto, los neologismos deben ser bienvenidos y no hay por qué ponerles una tranca y decir: ¡¡¡La Real Academia no lo aceptaaa!!! Desde el advenimiento de la cibernética, los vocablos en inglés encuentran su traducción al español y aceptación antes de que la afamada RAE los consagre o el programa Word los acreciente en sus algoritmos. Recuerdo cuando usé el adjetivo "holístico" en un trabajo de tesis en el año 2002. Un profesor puso objeciones al uso por ser extranjerismo. Rebelde, yo lo dejé, porque esa era el término irreemplazable que representaba mi idea y porque ya estaba siendo utilizada en ámbitos no académicos. Si un neologismo está aceptado en un medio periodístico es señal inequívoca de su legitimidad. De hecho, "holístico" hoy es parte del diccionario español. Y de mi tesis doctoral.

Pero una cosa es un neologismo (cuando una palabra no existe en nuestra lengua) y otra es el uso, por moda o distracción, de palabras en inglés que sí tienen su lícita traducción al español, y a estas deberíamos darles preferencia.[57]

---

[57] La Fundèu, en sus entradas diarias, da consejos sobre expresiones alternativas en español a la multitud de palabras en inglés que usa, sobre todo, el mundo del periodismo.

Más interesante que mi anécdota es el fenómeno de este nuevo invento: *posverdad,* que encontró un lugar prominente en nuestro léxico después de que el señor Trump asumiera la presidencia. [58] Es lamentable que la *posverdad*, emparentada con la *verdad alternativa a la declarada*, ya resulte hoy un vocablo imprescindible.

Del mismo modo que adquirimos nuevas expresiones, otras caen en desuso o, en palabras de un autor de un libro sobre errores: "las que salieron por la puerta de atrás, de noche y sin hacer ruido"[59]. Esto es más común, pero no exclusivo, en la jerga o *slang*. Y si ya pertenecen a un léxico superado, habrá que esquivarlas. La excepción es cuando las dice un personaje, por supuesto. Este tiene la libertad de expresarse con cuantos extranjerismos, neologismos, arcaísmos, modismos, manierismos, regionalismos y locuciones salgan de su boca, siempre que respondan al carácter, edad, clase social, etnia, etc., que se le haya adjudicado.

Los anglicismos son palabras derivadas del inglés que pueden o no tener cabida en nuestra escritura. Más información sobre este tema en el capítulo sobre autoedición.

Ya he hablado del sexismo en el lenguaje y del papel de los coloquialismos en el capítulo anterior. Nunca está demás volver a recordarlo.

ESTRUCTURAS SIMÉTRICAS AUTOMÁTICAS

Una cosa es crear un poema con simetrías, lo cual es intrínseco a la canción. Otra cosa es componer un texto en prosa con estructuras rígidas. Hay una diferencia abismal.

---

[58] El diccionario de Oxford ha declarado el compuesto *post- truth* como "la palabra del año" en 1919.
[59] *Errores correctos: mi oxímoron,* de Alberto Gómez Font.

Por alguna razón, algunos principiantes hacen uso, involuntario casi siempre, de este modo antinatural. No hablamos en verso o canción, con ritmo y rima, con frases de igual longitud, como esta:

> Sigilosamente, como un gato montés, puso un pie en la rama y esperó. El corazón le latía rápidamente, y por un momento no se movió. Aunque el denso follaje la amparaba, estaba mojada de sudor. Muy hondo respiró. El aire la traía un dulce olor. De pronto, un pájaro aleteó y en la misma rama se posó.

Esta cita insufrible, por más exagerada que parezca, realmente refleja la sintaxis de algunos trabajos que he valorado. Detectar las rimas artificiales no es muy laborioso: basta con leer el texto en voz alta y lo notaremos. Si se elimina la rima al final de cada oración, el texto podrá sonar más natural y menos rígido.

> Con el sigilo de un gato montés, asentó un pie en la rama y esperó. Sudaba. El corazón le latía rápido. Pronto se vio amparada por el denso follaje. Respiró hondo. El aire le traía un dulce olor. De pronto, un pájaro aleteó y se posó en la misma rama.

El siguiente párrafo, ya citado en parte anteriormente, es una ilustración de cómo, en manos de un excelente escritor, la simetría —tanto en el uso del gerundio como en la extensión de las frases— resulta atractiva, porque logra el propósito de comunicar el sonido de los tambores arrastrándose y percutiendo aquí y allá y más allá, a través de la geografía:

Llamándose unos a otros, respondiéndose de montaña a montaña, subiendo de las playas, saliendo de las cavernas, corriendo debajo de los árboles, descendiendo por las quebradas y cauces, tronaban los tambores radás.[60]

GGM ya se burlaba de las rimas intencionales y mal aplicadas en su patético personaje Florentino Ariza, oficinista y ávido lector de novelas rosas y poesía de la peor calidad:

> Florentino Ariza escribía cualquier cosa con tanta pasión que hasta los documentos oficiales parecían de amor [...] y los manifiestos de embarque le salían rimados por mucho que se esforzara para evitarlo.[61]

LAS CACOFONÍAS

La lectura de un texto lleno de sonidos inarmónicos y repetitivos resulta chocante. No en vano la palabra cacofonía deriva de una raíz griega que significa justamente eso: malo y desagradable.

Un ejemplo de cacofonías nos lo dan los trabalenguas. Pero como estos son juegos lingüísticos o herramientas didácticas para aprender la pronunciación de la lengua española, son totalmente lícitas:

> Tres tristes tigres tragaban trigo en un trigal en tres tristes trastos.

Lo que no es aceptable desde la estética de la lengua es

---

[60] *El reino de este mundo,* de Alejo Carpentier.
[61] *Amor en tiempos de cólera,* de Gabriel García Márquez.

incluir en un texto literario una repetición fónica que hiere el oído:

> Mi padre perdió la patria potestad de su primogénito.

Se trata de una elección de mal gusto y no de una aliteración de valor poético.

La cacofonía es uno de los vicios del lenguaje; por lo tanto, hay que evitarla. Sin embargo, esto no parece ser de conocimiento común entre algunos escritores que ya se han hecho un nombre, lo cual se puede constatar ya en la primera página de una novela que, para sorpresa de muchos, fue recientemente premiada.[62]

LA CLARIDAD

En mis trabajos de edición, he leído oraciones como la siguiente:

> Mis hijos y sus hijos, que no han llegado ni a la mitad de sus vidas, aún no saben lo que es el sufrimiento.

Una frase así necesita ser esclarecida. ¿Quiénes no han llegado a la mitad de su vida? ¿Los hijos o los nietos del narrador? ¿O los hijos de un tercero? O esta otra:

Lo conocí cuando tenía diez años

¿Quién tenía diez años? ¿El narrador o el conocido?

---

[62] http://www.limagris.com/premio-alfaguara-2019-y-el-habia-de-patricio-pron/.

No importa cuán posmoderno, innovador, pionero o provocativo sea el estilo del texto: la claridad sintáctica se impone como condición suprema. Sirvan estos simples ejemplos como señal de alerta sobre posibles fallas de una sintaxis descuidada, especialmente en la autoedición.

Las advertencias subrayadas en este capítulo son las más elementales. En el siguiente vamos a dar unos pasos más sofisticados, comentando recursos estilísticos; algunos, ya canónicos, y otros, inexistentes en los cursos y talleres de escritura en español hasta el día de hoy, tales como mi versión del *E-prime*.

EJERCICIOS

Reescribir las frases u oraciones…

1. …usando otros adjetivos para sustituir los subrayados:

    a. —Mario, ¡me falta un adjetivo para "red"! —dice el poeta.
    —¡Triste! —responde el pescador.

    b. Esther era de una familia rica.

    c. El efecto negativo de las preocupaciones…

2. …sustituyendo los adjetivos y adverbios de cantidad por otros equivalentes:

    a. Sentía un gran cansancio.

    b. Había muchísimas luces.

    c. Ya eran <u>muchas</u> las personas que fueron a golpear a sus puertas.

    d. Era <u>muy</u> ignorante y no lo sabía.

    e. Aquello me trajo <u>muchos</u> recuerdos.

    f. Llegamos al cerro después de <u>mucho</u> caminar <u>por un tiempo</u> que parecía interminable.

3. ...eliminando los adjetivos superfluos y creando otros:

    Un cielo limpio y sin nubes.

4. ...cambiando los adverbios terminados en *-mente* por otros equivalentes:

    Pablo entró a la sala francamente agitado. Me miró y finalmente dijo: he estado tratando desesperadamente de llamarte y no me respondiste. ¡Especialmente un día como hoy, no tenías absolutamente ninguna necesidad de salir!

5. ...cambiando lo negativo a afirmativo:

    a. Simplemente no hizo lo que le dije.

    b. Le conté todo lo que sabía, pero prefirió no escucharlo.

6. ... con menos palabras y eliminando lo que se sobreentiende:

a. Su comportamiento raro y sus costumbres no sorprendieron a nadie.

b. El presidente ruso le dio un beso en la mejilla derecha y luego en la izquierda, como es costumbre en su país.

7. … resumiendo el texto en 25 palabras o menos, y manteniendo los elementos principales:

Sube la escalera de pasamanos que ya está gastado y sin color, y nota que tampoco tiene los maceteros con flores que años antes, ella recordaba, habían adornado la escalera. En su recuerdo, la vivienda era más grande de lo que le parece ahora.

8. …sin las palabras conectoras:

a. La hija de Laura, quien también era militante política, estaba casada.

b. El Zorro, que era un personaje muy famoso, fue un invento de J. McCulley.

c. Él notó un lunar que la chica tenía en el cuello cuando la besó.

9. …eliminando las estructuras simétricas en rima:

a. Santo Tomás había dejado de ser la ciudad bulliciosa que antes fuera, a cuyo puerto se arrimaban barcos de todas las riberas. Ahora, triste y vacía, había perdido su riqueza.

b. El dolor en el pie había aumentado. Lo sentía abultado. Estaba tirante. De pronto el hombre sintió tres puntadas. El dolor era fulgurante.

10. ...introduciendo un elemento personal:

Aquello fue inolvidable.

11. ...eliminando o cambiando los diminutivos:

El niñito estiró su bracito y el pajarillo se posó en su inocente manita. Pero otras avecillas no se animaron a acercarse. Una cotorrita vigilaba los movimientos con sus pequeños ojillos, ladeando de vez en cuando su cabecita. Otras trataban de encontrar las pequeñas semillitas que habían caído.

12. En base a este texto, componer otro más sucinto, manteniendo lo principal de la escena:

Mi abuelo, que tenía un gallinero, le encomendó a mi hermano que matara a una gallina negra y blanca, de esas llamadas bataraza. Mi hermano le preguntó:
—Pero ¿cómo, abuelo? ¿Cómo quieres que la mate? Mi abuelo le alcanzó el hacha y le dijo:
—Es fácil. Cuando ya hayas atrapado a la gallina, con una mano sobre el cuerpo la inmovilizas encima de un ladrillo, por ejemplo, y con la otra mano le das un golpe bien dado en el cogote con esta hacha, y pronto. ¡Pero ten cuidado con los dedos! ¡No te vayas a lastimar!
—¿Y cómo voy a saber cuál es la gallina bataraza?

—Las batarazas tienen pintitas blancas y negras, como un juego de ajedrez. Las otras no —respondió mi abuelo.

Mi hermano no necesitó escuchar más explicaciones. Ya sabía qué hacer. Esas gallinas ponedoras tienen el plumaje blanco y negro y él la iba a identificar de lejos entre las otras, que eran coloradas y hasta alguna blanca como la nieve de los Andes.

Aquel día me extrañó ver a mi hermano llegar con el hacha a cuestas. Me dijo que lo acompañara. No sé bien por qué me reclutó a mí para la lúgubre tarea. Dijo que necesitaba ayuda para atraer a la gallina, y me entregó una bolsa de papel con granos de maíz, que yo iría desparramando, para atraerlas. (230 palabras)

Consulta la página de Respuestas y sugerencias

Capítulo 5. La excelencia en el estilo, II

Entre las admoniciones que pueblan los artículos sobre estilos narrativos, una constante es la de evitar la voz pasiva. Si este es un principio general válido para todo escritor, lo es doblemente para el hispanohablante inmerso en un medio anglosajón, ya que esa es una estructura típica del habla inglesa y, por tanto, suele deslizarse en nuestra escritura.

Voz pasiva versus activa

Una oración está en la voz pasiva cuando lo que es **objeto** se vuelve sujeto. Véase la diferencia en estos dos ejemplos:

> Prohibieron la venta de la droga. (Voz activa). "La venta" es el objeto de la oración.

El sujeto es inespecífico (ellos, ellas, las autoridades...), pero está implícito.

> La venta de la droga fue prohibida. (Voz pasiva). "La venta" ahora es el sujeto.

Lo que era sujeto en la primera *(autoridades*, etc.) es el agente implícito que prohíbe la venta. Podría estar explícito si le agregamos *por…* (el agente).

El consenso es que la voz pasiva debe evitarse por ser más vaga, mientras que la activa es específica y directa. Esta vaguedad de la voz pasiva es aprovechada por (mejor dicho, *la aprovechan los)* políticos para poner distancia entre ellos y sus faltas, desentenderse de ellas o maquillarlas. Dicen: *Errores fueron cometidos.* Lo cierto sería: *Hemos cometido algunos errores.* Pero, como sabemos, este tipo de sincera confesión no es una marca común entre la clase gobernante de cualquier sociedad.

Por otro lado, los redactores de, por ejemplo, los procesos de acusación *(impeachment)* conocen sin duda el empuje de la voz activa. No manifiestan:

> Las funciones de la presidencia han sido abusadas por el presidente (nombre).

Sino que especifican al sujeto culpable:

> El presidente (nombre) ha abusado de las funciones de la presidencia.

Resulta evidente el carácter más acusativo que adquiere la segunda oración.

La modalidad de la voz pasiva se usa no solo para ocultar el oprobio y negar responsabilidades, como en el ejemplo citado, sino también para crear un efecto de alejamiento.

En vez de decir, llanamente:

> Te apreciamos mucho por aquí.

La variante pasiva sería:

Eres muy apreciado por aquí.

Esta última no declara el sujeto (nosotros) y, por lo tanto, resulta más fría.
Más alejado aún resulta con el uso del "se" pasivo:

Se te aprecia mucho por aquí.

Esta construcción, otro subterfugio para despersonalizar un enunciado, se aleja más todavía del verdadero sentimiento.
En ambos casos hay una reticencia en confesar el "nosotros", el que "todos te apreciamos".
La distinción nos sirve en nuestra escritura para aplicar uno u otro modo, según el mensaje subliminal que se le quiera dar. ¿Hay una intención de desapego y frialdad? ¿O hay calor humano?

Resumiendo: la recomendación es **usar la voz activa** y optar por la construcción pasiva solo cuando hay una consciente intención de anonimato y alejamiento por parte del interlocutor, según lo requiera el texto.

VERBOS ACTIVOS VERSUS ANÉMICOS.
E-PRIME EN ESPAÑOL

Cuando Sor Juana Inés de la Cruz escribió con sangre sus últimas palabras, estas no fueron: *Yo soy la peor de todas*, sino: *Yo, la peor de todas.*
Existe un término en inglés llamado *E-Prime* (abreviatura de *English-Prime),* concepto propuesto por el lingüista David Bourland. Consiste en expresarse excluyendo todas las formas del verbo *to be* en cualquiera

de sus conjugaciones y tiempos. El *E-Prime,* sostienen sus adherentes, sirve de herramienta para aclarar el pensamiento y fortalecer el texto. [63]

Hasta hoy no me he encontrado con artículos sobre su uso en el español. Por eso postulo aquí una técnica equivalente, sustituyendo los verbos SER y ESTAR por otros más activos. En mi opinión, los resultados son igualmente prometedores.

Nótese que SER y ESTAR no denotan acción como *hablar, pensar* o inclusive *dormir.* Su uso constante le resta brío a la escritura. Esta se vuelve mucho más pujante si los suprimimos o los reemplazamos por otros.

Comparemos las oraciones **a** con las **b,** observando las sustituciones:

Del verbo ESTAR:

    a. Estaba furioso, gesticulaba y gritaba.
    b. Furioso, gesticulaba y gritaba.

    a. Estaba sentado en su sillón favorito esperando pacientemente la llegada de su hija.
    b. Apoltronado en su sillón favorito, él esperaba pacientemente la llegada de su hija.

    a. En mi casa, las llaves están colgadas de un gancho en la pared.
    b. En mi casa, las llaves cuelgan de un gancho en la la pared.

---

[63] David Bourland Jr., quien estudió con el lingüista Alfred Korzybski, inventó la expresión *E-Prime* como una extensión de la semántica general de su maestro de mediados del siglo pasado.

O:

    b. En mi casa <u>colgamos</u> las llaves de un gancho en la pared.

    a. <u>Está</u> totalmente loco.
    b. <u>Se volvió</u> loco.

Del verbo SER:

    a. <u>Fueron</u> horas interminables para mí.
    b. <u>Pasé</u> horas interminables.

    a. Decir eso <u>es</u> igual a insultarlo.
    b. Decir eso <u>equivale</u> a insultarlo.

De los verbos SER y ESTAR:

    a. No <u>era</u> necesario manejar hasta el cine ya que <u>estaba</u> cerca de mi casa.
    b. Al cine de mi barrio <u>íbamos</u> caminando.

HABER y TENER

Quiero proponer aquí una ampliación de este concepto y extender las sustituciones a otros dos verbos: *haber* y *tener*. Como en el caso de ser y estar, si los reemplazamos por otros, la oración se fortalece. Comparemos estos pares observando las substituciones:

Del verbo HABER:

    a. <u>Había</u> muchas manzanas picoteadas por   los pájaros en el suelo.

b. Las manzanas picoteadas por los pájaros cubrían el suelo.

a. Detrás de la casa hay un área con un jardín frondoso.
b. Detrás de la casa se esconde un jardín frondoso.

a. Hay un sendero largo entre parras y bambúes.
b. Un sendero se alarga entre parras y bambúes.

Del verbo TENER:

a. Mi oficina tenía vistas al parque.
b. Desde mi oficina se veía el parque.

a. Tengo mucho miedo.
b. Me muero de miedo.

En las instancias arriba citadas, el sentido de las oraciones **b** no cambió, pero ganó en expresividad. Al contrario de los verbos de existencia o tenencia, algo insustanciales, los de acción ayudan a clarificar y potenciar la frase. *Había un piano* o *había un muro* describen parcial y pasivamente la existencia de algo. Pero si especificamos la función de estos sustantivos *piano, muro,* etc., la frase cobra dinamismo:

Los acordes del piano sonaban...

El muro dividía...

Cuando describimos algo, nada hay más simple y automático que echar mano de los verbos *ser, estar, tener* y *haber,* como en este párrafo:

> Ya no había cementerios claros, con sus pequeños sepulcros de yeso blanco. Ahora los muertos estaban enterrados a orillas del camino. Era una llanura callada y hostil, y estaba invadida por cactos y aromos. A veces, había una cobija abandonada sobre sus cuatro horcones, lo que significaba que los habitantes habían huido ante miasmas malévolas.

Sin embargo, en la pluma de un talentoso escritor, todo resulta más vívido:

> Ya no se veían cementerios claros, con sus pequeños sepulcros de yeso blanco. Aquí los muertos se enterraban a orillas del camino, en una llanura callada y hostil, invadida por cactos y aromos. A veces, una cobija abandonada sobre sus cuatro horcones significaba una huida de los habitantes ante miasmas malévolas.[64]

Estos cuatro, a los que en una ocasión llamé "verbos muertos", no son ni muertos ni moribundos, sino algo endebles. Y no queremos un texto anémico. Claro que, como todo en la escritura, no se debe exagerar en la sustitución, a riesgo de resultar peor. Como siempre, confiemos en la virtud afinar el oído, ese diapasón interno que nos da la clave de lo que suena natural.

Las transposiciones

La sintaxis, parte de la gramática que rige la formación de oraciones correctas, tiene algunas reglas inflexibles y otras no. Comenzar con el sujeto seguido del verbo, el objeto y una o varias cláusulas dependientes es el orden

---

[64] *El reino de este mundo,* de Alejo Carpentier.

lógico del español (aunque no de todos los idiomas); pero nada impide transponer las piezas y comenzar con otras unidades sintácticas. De hecho, lo hacemos constantemente, hablando y escribiendo.

Véanse las transposiciones en esta oración, que comienza con varias frases adjetivas:

> <u>A lo lejos, en la línea del horizonte, como una sombra en la llanura, estaba</u> el alto edificio de la fábrica con su faro intermitente que barría la noche.[65]

Sin duda, el desplazamiento resultó en un cambio de énfasis. Es un truco que lo practicamos todo el tiempo en el lenguaje hablado o escrito, porque ya llevamos internalizada su función y nos suena bien. Pero lo traigo a colación por el peligro de abusar de ello en la escritura, en especial cuando se inician las oraciones siempre de igual modo, con el mismo pronombre relativo. Tengo aquí un libro de corte espiritual de un autor tan bienintencionado como inexperto. Al abrirlo al azar veo, en la misma página, cuatro párrafos consecutivos con estos idénticos comienzos:

> Cuando el aprendiz escuchó…
>
> Cuando el aprendiz decidió…
>
> Cuando los hermanos veían…
>
> Cuando otro de los hermanos decidió…

Esta simetría, que resulta cansada, revela la huella mental en la que el autor o autora ha caído. Un estilo particular y bien logrado difiere mucho de un hábito no

---

[65] *Blanco nocturno,* de Ricardo Piglia.

examinado. A este hay que observarlo y combatirlo para no terminar con una escritura intolerable.

Por supuesto, las transposiciones en la poesía (o inversiones, llamadas hipérbaton), aunque no reflejen la manera de hablar, forman parte de las licencias poéticas. Pero en la prosa se busca naturalidad. Sor Juana puede decir: ...*escalar pretendiendo las estrellas*... y entendemos que es *pretendiendo escalar las estrellas*. En un texto no poético, como en su carta a *Sor Filotea*, sonaría afectado.

LA POSICIÓN DE LAS PALABRAS CLAVE

En general, lo que leemos al final de una oración impacta más. Por lo tanto, la decisión de cómo presentar las partes de una oración dependerá de lo que queramos enfatizar.

No sería lo mismo decir: *Ayer llegó la primavera, cargada de flores*...que *La primavera, cargada de flores, llegó ayer*. En la primera frase, pensamos en la primavera y las flores; en la segunda, que ocurrió ayer. La diferencia se hace notable en la entonación del final de la oración.

Observemos estas otras frases paralelas:

a. Él prefería un revolver más liviano, por eso, robó el de su hermano.
b. Su hermano tenía un revolver más liviano, por eso, él se lo robó.

La segunda oración es ligeramente mejor si se quiere destacar el hecho del robo; la primera, si se enfatiza al hermano.

a. Esa noche cruzó la frontera por El Paso porque allí, según le contaron, habría menos patrulleros.

b. Le habían contado que en El Paso había menos patrullas, por eso, esa noche cruzó la frontera.

La frase **b** recalca el hecho de cruzar; la **a,** la presencia de patrulleros.

En esta otra oración de Borges nos quedamos con la inesperada imagen de un dios de metal, que era su intención:

> Arrasado el jardín, profanados los caliches y las aras, entraron a caballo los hunos en la biblioteca monástica y rompieron los libros incomprensibles y los vituperaron y los quemaron, acaso temerosos de que las letras encubrieran blasfemias contra su dios, que era una cimitarra de hierro.[66]

La extensión de las oraciones

Mi madre solía sentenciar: "Lo bueno, si breve, dos veces bueno". Noté que lo decía después de escuchar los discursos escolares pronunciados en una fiesta patria. Los oradores hispanos en general aman las oraciones desmesuradas. El público bosteza.

En la escritura, transformar algo verboso en sucinto se puede lograr sin menoscabar la escena, prescindiendo de algunos detalles innecesarios y, sobre todo, de las palabras conectoras ya mencionadas. Asimismo, hay que despojarse de aquellos adornos colosales que al final transmiten más pobreza que riqueza estilística. Es preferible la sobriedad dentro de la elocuencia, con un lenguaje estéticamente válido, frente a algo profuso y artificioso.

A veces se trata solo de eliminar lo superfluo. Un trabajo que recibí para editar comenzaba así:

---

[66] "Los teólogos", cuento de *El Aleph,* de Jorge Luis Borges.

Voy a contar acerca de la mañana en que por fin me rebelé contra mi padrastro.

¿Por qué no atacar sin rodeos? Por ejemplo:

Una mañana por fin me rebelé contra mi padrastro

Más tarde, el autor describe una escena:

Ya estaba cansado de ser maltratado. Esa mañana, después de haber recibido un golpe en la cabeza, por primera vez en mi vida lo desafié. Me acerqué, lo miré directamente a los ojos, me erguí, levanté mi puño amenazadoramente, lo agarré de la corbata y le dije que si me pegaba otra vez yo le iba a hacer salir la dentadura postiza de la boca de un golpe.

Podría decirse lo mismo de esta manera:

Ya estaba cansado de ser maltratado. Esa mañana, después de haber recibido un golpe, lo desafié: me acerqué, lo miré a los ojos, lo agarré de la corbata, levanté el puño y le dije que la próxima vez le iba a hacer volar la dentadura postiza de un golpe.

Esto no significa que haya que formar siempre oraciones cortas. La extensión depende de cuán bien se compongan y dónde se las ubique en el párrafo. Una vez que hemos eliminado lo repetitivo e innecesario, se puede jugar con el equilibrio entre lo breve y lo demorado y producir un efecto interesante. Observemos el comienzo de esta novela:

> En invierno bajaban al mar. Llegaban hambrientos de la montaña y antes de trasponer los últimos árboles contemplaban por largo rato, con sus ojos resplandecientes, la oscuridad de la costa. [67]

El autor juega con esta técnica de iniciar el párrafo con una oración corta seguida de una más extensa: anuncia algo, deja que la mente absorba el enunciado y luego se explaya. Todo esto quiebra la monotonía:

> Luego mugió una vaca. Él supo entonces que estaba de vuelta en su choza, que Tatesh dormía a un costado, que el fuego chisporroteaba y Camila se ponía la mano en el pecho, cerca del corazón, y hasta supo en qué estaba pensando su madre.

Con igual intención se puede hacer lo contrario y ubicar la frase breve al finalizar el párrafo:

> Después miró hacia la calle, rencoroso y satisfecho, cual si acabase de cruzar bajo fuego de francotiradores. Llovía con saña bíblica.[68]

O esta:

> Él no recuerda qué cosa le contestó Michelina, no recuerda siquiera si él le dijo esto en voz alta o solo lo pensó, pero luego otros la sacaron a bailar y él nunca más la volvió a ver. Hasta hoy.[69]

---

[67] *Fuegia,* de Eduardo Belgrano Rawson.
[68] *El club Dumas,* de Arturo Pérez-Reverte.
[69] *La frontera de cristal,* de Carlos Fuentes.

Y, por supuesto, también es efectiva una combinación de ambas maneras, donde el comienzo y el final son frases cortas, como hace mi colega mexicana:

> La primera luz acarició el telar. Su pensar igual se iluminó y el caudal de entendimiento le mostró de golpe el camino a seguir con toda claridad: el día del mercado llevaría a su hijo Gabino a vender el quexquémitl a la Gran Ciudad, Oaxaca. Sí, ahí dejaría a su niño.[70]

O, una sucesión de frases cortas.

Por ejemplo, este comienzo de una novela de Rosa Montero nos pone de inmediato en contacto con la identidad del personaje y su mundo en una simetría sintáctica de gran efecto:

> Soy mujer y escribo. Soy plebeya y sé leer. Nací sierva y soy libre.[71]

Los buenos autores han dominado la técnica de la pausa, jugando con diversas combinaciones o énfasis de lo escueto y lo elaborado.

Existen otros estilos más extremos, que obedecen a una necesidad de la narrativa y su atmósfera.

Carlos Fuentes escribió, en una historia escrita en el presente y en primera persona, una serie de frases y oraciones minimalistas, separadas por puntos, como sonidos rítmicos que estuvieran martillando despiadadamente la percepción interna del personaje:

---

[70] *La casa de los secretos,* de María de Lourdes Victoria.
[71] *Historia del rey transparente,* de Rosa Montero.

> Estoy sentado. Al aire libre. No puedo moverme. No puedo hablar. Pero puedo oír. Solo que ahora no oigo nada. Será porque es de noche.[...] Puedo ver.[72]

El cuento se extiende por veinticinco páginas construidas en base a una sucesión de frases minimalistas como las citadas, a fin de seguir el hilo de un complejo monólogo interior del narrador, un hombre paralítico y mudo.

Por otro lado, una oración extensa, en el contexto correcto, aporta otras ventajas. En este ejemplo, la que sigue a las dos más breves se justifica por su efecto de golpear con la acción (se basa en verbos activos) una tras otra y para describir momentos en que todo discurre rápidamente:

> El cielo se ensombreció como en un eclipse de sol. No era un eclipse. Eran nubes enormes, negras, que ondulaban en el cielo, deshaciéndose y luego volviéndose a juntar, y cuando la forma flotó sobre ellos como una nave espacial, gritaron ¡langostas!, y de boca abierta las vieron descender, planear sobre los campos, arrasando todo cuanto encontraban, comiendo, triturando y dejando la llanura desnuda.[73]

Lo mismo se aplica a esta:

> El polvo en los ojos no le permitió ver que allá en el horizonte unos cúmulos oscuros comenzaron a formarse y a marchar unos contra otros, y a avanzar,

---

[72] *La raya del olvido,* del libro *La frontera de cristal,* de Carlos Fuentes.
[73] *Cuentos para El Soñador,* de la autora.

hombro con hombro, y a treparse unos sobre otros; y que el aire ahora está eléctrico, y que torres de vapor están subiendo al cielo, ya hirviente y harto de tanta pesadez. El viento, de repente, sopla fuerte y frío.[74]

Una frase dilatada con una función, como en lo transcrito arriba, difiere de ser una prosa muy ornamentada.

José Saramago, pionero en cierta medida de un estilo nuevo, por su puntuación y diálogos no tradicionales, se vale de frases encadenadas y oraciones largas que nos dejan sin aliento. Todo para producir un cierto impacto. En ciertos casos, no recurre a verbos de acción como se vio en los dos ejemplos anteriores, sino a una aglomeración de objetos para describir, por ejemplo, el cinturón industrial de la ciudad[75]. A ambos lados de la tétrica carretera se suceden fábricas, depósitos, galpones, redes eléctricas, conductos, puentes, chimeneas, humos tóxicos, olores putrefactos, ruidos ensordecedores. Todo es mecánicos, funcional, desalmado, implacable, plasmado en un simple párrafo de una página entera preñada de sustantivos apenas divididos con comas.

Al final, o más bien antes del final, exclamamos: *¡Basta, por Dios!* ¿Por qué? Porque nos ha abrumado. Pero resulta obvio que tal es la intención del autor al lanzar toda esa maraña de materialidad, de objetos para ver, para oler, para escuchar, para sentir: un cuadro devastador. Sus comas apenas nos dan un respiro. Así el emisor consigue lo que quiere: el hartazgo del receptor hacia la escena, el

---

[74] *Las aguas del Kalahari,* de la autora.
[75] *La caverna,* de José Saramago.

rechazo visceral que sentimos ante tanta cosa pesada, fea, desalmada. El autor logró su propósito.

Otras veces, una oración de media página puede estar reflejando la enredada madeja mental de un personaje, como sucede en la novela *Delirio,* de Laura Restrepo.

En las obras de Gabriel García Márquez (posteriores a *Cien años de soledad)* es posible encontrar una acotación de más de una página sin punto, sin cortes, solo pausada con comas. Aquí también la función es representar el soliloquio de quien habla en primera persona. Un ejemplo muy ilustrador se encuentra en *El otoño del patriarca.* Las libertades sintácticas que se tomó García Márquez, con sus oraciones llenas de subordinadas y párrafos enteros sin puntuación alguna, colindan con lo alucinante o, como él lo llamó: con una "aventura poética". Y, sin embargo, sigue siendo una narrativa.

Otra vez, insisto en el punto que vengo machacando en las páginas previas: el autor primerizo y temerario que quiere embarcarse en estas innovaciones técnicas en nombre de la libertad creativa deberá dominar antes la sintaxis clásica. De otra forma, puede salir algún monstruo de la laguna. Evitemos los disparates. La libertad se gana cuando ya se ha dominado el arte básico de la composición. Sabemos que Picasso sabía dibujar hermosamente antes de dedicarse a destrozar sus figuras.

Las figuras retóricas

Las figuras literarias — *ars bene dicendi* (arte del buen decir)— embellecen la escritura, la dotan de expresividad e intensidad y dan sabor a un texto desabrido. En este volumen mencionaré las más comunes a la prosa.[76]

---

[76] Algunas figuras, como la anáfora y otras, son exclusivas de la poesía o la prosa poética.

Las imágenes son la fuerza motriz de la narrativa, principio encapsulado en el *"mostrar, en lugar de decir"* presente en toda lección de escritura creativa. Pensemos en el cine mudo: toda la historia es visual. Pero ¿cómo transformamos una imagen en palabras?

Podemos hacerlo de manera directa. Por ejemplo, si queremos contar que al hombre lo picó una víbora venenosa, en vez de decir: *y entonces sintió un pinchazo y, por el dolor, supo que lo había picado una víbora,* vamos a usar imágenes decisivas: mostrar una hinchazón en la pierna, un rostro de angustia, emitir un alarido.

La metáfora

Si una descripción muy literal de una escena resulta en una prosa árida, es el momento de invocar nuestra creatividad y buscar una alusión indirecta a través de una imagen metafórica. La imagen como forma pictórica de transmisión *alude* a algo análogo usando términos concretos. Una de las más antiguas es el río que representa el paso del tiempo, imagen atribuida al filósofo griego Heráclito ("No es posible bañarse dos veces en el mismo río") y usada en la prosa y la poesía de todos los tiempos.

Unamuno escribe, en un conocido soneto:

> Nocturno el río de las horas fluye
> desde su manantial que es el mañana
> eterno, y en sus negras aguas huye
> aquella mi ilusión harto temprana.[77]

Se ha dicho que la metáfora es como el cuanto *(quantum):* puede estar aquí o allá, al mismo tiempo.

---

[77] *Soneto LXXXVIII*, de Miguel de Unamuno.

Para empezar, notemos que casi siempre hablamos en símbolos (nuestro lenguaje "revuelve" o "gira alrededor" de metáforas), en cuanto se vale de palabras y expresiones que derivan de lo estrictamente espacial y se las aplica a aquello que no lo es.

No estaría muy desacertado afirmar que es imposible comunicarse verbalmente sin estas referencias espaciales. Hablamos de *recorrer el camino* de la vida, de *subir* en la vida, de *caer* en desgracia; de *andar derecho,* o *tomar un atajo,* o *seguir* siempre *adelante,* no *mirar* para *atrás, no irse por las ramas, cortar por lo sano.* Los verbos *entrar, salir, subir, caer, descender, caminar, andar, correr, detenerse, rodar, girar, saltar, dar, quitar* y tantísimos otros se encuentran una y otra vez con un significado simbólico. En las relaciones humanas, podemos *dar una mano* a un amigo; o podemos *darle la palabra.* En lo psicológico, *caemos en un pozo* o *buscamos la luz* o *abrimos nuestro corazón.* En la política, optamos por posiciones *de derecha, de izquierda* o de *centro*[78]*,* según nuestro grado de liberalidad o conservadurismo. Tampoco dudamos en adjudicar adjetivos físico-sensoriales a lo no físico: una angustia es *pesada;* una quietud, *aplastante;* una mente, *insondable.* O netamente visuales: un pensamiento es *oscuro* o *claro,* una personalidad es *transparente,* una infancia es *colorida.* Los objetos físicos son utilísimos para calificar lo no físico: encontramos *la llave* del éxito; nos envuelve con una *cortina de palabras,* sus palabras *destilaban veneno.*

Curiosamente, en neurología se ha comprobado que las metáforas se entienden (es decir, las neuronas disparan) en

---

[78] Estos son conceptos ligados a los hemisferios cerebrales y su relación inversa en el cuerpo. El hemisferio derecho, donde prevalece la intuición y la mirada holística, controla la parte izquierda del cuerpo, y el hemisferio izquierdo, racional y secuencial, controla la parte derecha.

las mismas regiones cerebrales correspondientes a las funciones sensoriales que aquellas metaforizan.[79]

Este fenómeno semántico de relacionar el lenguaje con el espacio, los objetos concretos y las sensaciones físicas del cuerpo es común a todas las lenguas conocidas. En cada una de ellas, el número de palabras es limitado, pero su sentido se expande infinitamente a través del uso metafórico gracias a su ductilidad. En literatura, el arte estriba en hacer uso de esta capacidad de amplificar y elaborar tan interesante dinamismo básico del lenguaje encontrando las expresiones más evocativas para transmitir un pensamiento o escena.

Pero no se trata de crear combinaciones por su mero valor novedoso y original, sino por su exactitud pictórica y la emoción que sugiere.

El gran poeta mexicano López Velarde nos habla de *los rítmicos sollozos de una fuente*, y con ello nos da el ritmo y sonido del agua y la emoción de quien la ve y la escucha. Una novelista contemporánea como Restrepo no nos dice que la mujer *se desengañó*, sino que *el desengaño no faltó a la cita*. Tampoco nos cuenta que el personaje iba recordando sus malos momentos del pasado *muy de a poco*, sino que *iba bebiendo con cuentagotas su cáliz de pasadas angustias*[80].

En cada una de estas imágenes concretas pero representativas sentimos la emoción y el empuje de un objeto o evento usado con un sentido distinto al primario, gracias a esa capacidad combinatoria del lenguaje.

Véase la diferencia entre las oraciones y frases de las dos columnas en la siguiente página.

---

[79] Por ejemplo, la frase *she had a rought week* activa las áreas cerebrales dedicadas a las sensaciones táctiles. *(Nautilus,* n° 28, enero de 2020, p. 87).
[80] *Pecado,* de Laura Restrepo.

¿Cuáles refuerzan la idea? ¿Cuáles intensifican la imagen? ¿Por qué?

A	B
La noche llegó con una oscuridad amenazante.	La noche los cubrió con su manto de miedo.
La oscuridad del bosque era atemorizante	La oscuridad del bosque hervía de amenazas
Fiel a sus principios morales	Fiel a su compás moral
No sabía qué hacer con las manos	No encontraba oficio para sus manos
Lo ofendió con sus palabras insultantes	Lo ofendió con una reguera de insultos

En la columna B, la imagen es más portentosa porque se habla de objetos concretos y tangibles: un *manto*, un *compás*, un *oficio*, una *reguera*; representaciones oblicuas y, sin embargo, de mayor peso.

Si una locución metafórica se introduce al final de una frase, esta resulta aún más enérgica, tal vez por el efecto sorpresa. Por ejemplo, este texto:

> No pudieron justificar la intervención militar. Desde el principio la operación fue problemática y ahora seguramente iría a fracasar.

Podría escribirse:

No pudieron justificar la intervención militar. Desde el principio la operación <u>venía haciendo agua</u> y ahora <u>está al borde del fracaso.</u>

O:

No pudieron justificar la intervención militar. Desde el principio la operación <u>venía haciendo agua</u> y ahora <u>se está yendo a pique</u>.

Los **conceptos imposibles** o absurdos son asimismo figuras literarias con igual propósito: ilustrar algo esquivo a las explicaciones lógicas. Por ejemplo:

Las Susanas construyeron su casa anclada en el viento.[81]

Algo que no puede suceder en el ámbito físico representa una realidad en el social o psicológico.

Una prolongada serie de metáforas y símbolos en un poema o un cuento que en conjunto evocan una idea dan lugar al género llamado **alegoría**. La Caverna de Platón, por ejemplo, puede tomarse en conjunto como la representación alegórica de la situación del ser humano en la dimensión terrena, el mundo sensible, en contraste con el mundo inteligible. Lo que es apenas conceptual se hace visible con las imágenes de la cueva, los prisioneros, sus cadenas y las sombras proyectadas en la pared.

La personificación o prosopopeya

En la literatura infantil es muy usual adjudicar acciones humanas a animales y objetos: una bicicleta corre una aventura; un animal se expresa como un ser humano. En nuestro lenguaje cotidiano es asimismo harto común

---

[81] *Pecado*, de Laura Restrepo

otorgar rasgos humanos a objetos y conceptos abstractos, pero en tal caso estas personificaciones son usadas de manera metafórica. ¿Quién no ha dicho alguna vez algo así como: *la muerte lo sorprendió... su estrella lo protege...el viento gime...la duda lo carcome*?

En la escritura en prosa hay amplia oportunidad de ejercer nuestro sentido poético inventando este tipo de figuras, pero siempre tratando de no caer en las más repetidas.

El símil o comparación

Esta figura compara dos términos (palabras o frases) que se asemejan en alguna de sus cualidades. Esto es *como aquello*. Establece una relación entre un elemento real y otro figurado.

> El movimiento fue de izquierda a derecha, y después en sentido inverso, hasta centrarse de nuevo en la postura original, como una aguja imantada que recobrase el norte tras breve oscilación.[82]

En mi escuela primaria, y seguramente en las suyas también, nos pedían hacer ejercicios de comparación. *Los ojos como dos luceros* era aceptable, pero muy trillado. *La luna como un plato en el cielo* valía una nota mediocre, porque era imagen más culinaria que poética. Recuerdo la clase en que *Liviano como una pluma* fue considerado lugar común; y mi intervención, *Liviano como promesa de borracho,* fue rechazada de inmediato. Parece ser que no había lugar para este tipo de humor a los diez u once años.

Hoy quise practicar el mismo ejercicio con mis nietos, de siete a diez años. Estas fueron sus ideas:

---

[82] *El club Dumas,* de Arturo Pérez-Reverte.

Liviano como ala de abeja, como un pétalo, como cabello de ángel, como un sueño. Yo sugerí: Como el recuerdo de un sueño; y alguien agregó: Como sueño de pájaro. Oliver propuso: Liviano como sombra al anochecer.

El ejercicio no tiene límites. Los maestros de primaria, a veces sí.

La sinestesia

A menudo leemos expresiones como estas, o similares, en cuanto a la aplicación de adjetivos: un olor amarillo... un color insípido... la rosada suavidad de la nube... una voz agria... una oscuridad sedosa... un rojo suculento... un acorde áspero.

Estas figuras, llamadas sinestesias, tienen en común la atribución de una sensación a un sentido que, estrictamente hablando, no le corresponde. Un olor no tiene color, un color carece de sabor, la oscuridad no se palpa, etc. Son harto comunes tanto en la poesía como en la prosa.

También suele tratarse de sustantivos normalmente imposibles de emparejar:

El rubor del rostro le subió una octava.

O verbo y sustantivo:

Vivo en conversación con los difuntos
y escucho con mis ojos a los muertos. [83]

Los poetas del siglo XVII eran adeptos a la sinestesia en originalísimas formas y sus poemas son todo un caldero

---

[83] Soneto "Desde la torre", de Francisco de Quevedo.

lingüístico en este sentido. Sor Juana Inés de la Cruz, heredera de esta tradición, lo hizo con arte inigualable.

Creo que, al menos en este aspecto, el español es más permisivo que el inglés; se puede ser más audaz y usar combinaciones muy inéditas, lo cual suele ser un dolor de cabeza para los traductores a las lenguas no romances.

La hipérbole

Es una exageración (aumento o disminución) de una característica, física o no, para dar énfasis a la imagen:

> El cielo se vino abajo de tanta lluvia.
> Me sentí pequeño como un frijol, como un mosquito, como una molécula de polvo.

También los poetas clásicos adoraban la hipérbole. A menudo se cita este poema, donde el poeta combina la hipérbole con la sinestesia:

> Tanto dolor se agrupa en mi costado
> Que por doler me duele hasta el aliento.[84]

El paralelismo

Aplicado tanto a la poesía como a la prosa, el paralelismo repite una misma estructura:

> La tarde agoniza en sombras; él agoniza en recuerdos.

> El día va acabando. Su esperanza va mermando.

---

[84] *Elegía a Ramón Sijé,,* de Miguel Hernández.

No solo hay una repetición de verbos con imágenes afines, sino que da un ritmo y emotividad a la oración.

Demás está decir que se debe usar con parsimonia, ya que es una figura más común a la poesía, y no queremos que nuestro texto padezca de simetrías forzadas.

Otros recursos estilísticos que también pueden evocar ricas imágenes visuales con un solo trazo son los **opuestos, la antítesis, el oxímoron y la paradoja.**

Los opuestos juegan con las múltiples posibilidades y tienden a ser desafiantes. El más famoso tal vez sea el shakesperiano Ser o no ser. Entre las novelas, a menudo se menciona este:

> Fue el mejor de los tiempos, fue el peor de los tiempos… fue el tiempo de la sabiduría, fue el tiempo de la necedad.[85]

También en las oposiciones la poeta mexicana muestra su genio. Nos dice, por ejemplo: *senectud lozana, decrépito verdor, sueño de los despiertos…*[86]

La **antítesis** es un pensamiento que de alguna manera es opuesto a otro, pero sin llegar a la contradicción, como dije en otra página:

> Los oradores hispanos aman las oraciones ornamentadas. El público bosteza.

---

[85] "It was the best of times, it was the worst of times, it was the age of wisdom, it was the age of foolishness". *A Tale of the Two Cities,* de Charles Dickens.

[86] "Verde embeleso de la vida humana", poema de Sor Juana Inés de la Cruz.

Es una figura muy frecuente en la poesía. Sirvan de ejemplo los memorables versos:

¡...Y no saber adónde vamos
ni de dónde venimos![87]

En el **oxímoron** hay una contradicción de adjetivos, o adjetivos y sustantivos, que en el contexto armonizan:

Los infernales ángeles de su secta.

Observaban la pavorosa belleza del rojo amarillento que fluctuaba en el horizonte.[88]

Andaba mostrando sus queridos dolores a cualquiera que quisiera escucharla.

Y, con un toque humorístico o candoroso:

¡Fue un precioso funeral!

Los ángeles se vuelven infernales en un culto; la belleza puede ser pavorosa cuando se trata, como en este caso, de un incendio; un dolor se vuelve querido cuando quien lo padece extrae de él cierta atención social. ¿Y un funeral precioso? Sí, es bien posible.

La **paradoja**, recurso muy usado entre los filósofos de Oriente y los poetas místicos, implica una contradicción, pero no necesariamente en la misma oración. A menudo se citan estos versos de Santa Teresa:

---

[87] "Lo fatal", de Rubén Darío.
[88] *Cuentos para El Soñador,* de la autora.

> Vivo sin vivir en mí
> y de tal manera espero,
> que me muero porque no muero.

En estas líneas, la poeta logra comunicar algo imposible de expresar de manera más directa y explícita sin usar muchas palabras: el anhelo de la unión mística, el deseo de "morir" para renacer espiritualmente.

El *Ser y No ser* es asimismo epítome de la mayor de las paradojas humanas: somos una irrealidad, una sombra en la caverna de Platón, un producto de un indescifrable *"matrix"*. Pero, aun así, somos.

Una de mis paradojas favoritas es esta:

Nunca digo la verdad. Ni siquiera ahora.

En cuanto a la paradoja que linda con el oxímoron, Villoro ha observado que, en el campo de la política mexicana del siglo XX, "la revolución institucional" es la más peculiar de todas. [89]

Esta puede inspirarnos para otras igualmente irónicas.

La aliteración

Esta reiteración del mismo sonido, en especial de consonantes, en un grupo de palabras, es el pan diario de los poetas, pero también encuentra un lugar en la prosa. Solo un oído educado puede saber cuándo un juego de consonantes o vocales suena bien y cuándo es malsonante, cuándo parece forzado y cuándo sutil. He aquí dos ejemplos:

> La frecuente confrontación con los clientes dio
> como fruto el fracaso del negocio.

---

[89] *La utilidad del deseo,* de Juan Villoro.

En esta frase, el *frecuente* uso de las mismas combinaciones de consonantes raspa el oído. Esta otra, en cambio, está mejor lograda:

> Sueña que es libre en la alucinada soledad de su prisión.

Aquí se juega con un recurrente sonido sibilante, que fluye sin tropiezos por la facilidad de pronunciarlo.

Al optar por una aliteración, es de suma importancia pronunciarla y escucharla, y ver si se desliza en la lengua o, por el contrario, si acabamos escupiendo las palabras. En este caso, se trata de una cacofonía.

Los cambios de tono
Lo formal y lo coloquial, lo solemne y lo sencillo, lo sagrado y lo mundano

Cuando la línea retórica se ve interrumpida por una oración o frase que cambia el tono, ya sea introduciendo un lenguaje más coloquial, pintoresco, simple o mundano, el lector lo percibe como una pequeña sacudida. Nada mejor para mantener su atención.

Véase el ejemplo ya citado:

> No pudieron justificar la intervención militar. Desde el principio la operación <u>venía haciendo agua y ahora se está yendo a pique.</u>

Esta segunda frase le confiere fuerza a la escena, tanto por los sustantivos concretos y la adecuada imagen naval como por el contraste que lo coloquial introduce luego de una frase más formal.

Lo mismo diríamos de lo solemne seguido de lo informal y sencillo, o de lo sacro seguido de lo profano o mundano.

Respecto a este último, se usa a veces con un toque atrevido o humorístico. Hice uso de esta estrategia en la descripción de mi pueblo natal, cuya arquitectura triangular, se decía, reflejaba la Santísima Trinidad.

> Terminado el diseño [del pueblo], escribíamos los tres poderes de la Trinidad: Padre, Hijo y Espíritu Santo, en el respectivo ángulo del gran triángulo. El Padre, por supuesto, gozaba de su suprema posición en el vértice —y no podía ser menos, dada la sociedad patriarcal en que vivíamos. Creo que caía en la cancha de fútbol, más o menos. [...] El Espíritu Santo, que iba a parar a la fábrica de quesos, ocupaba el ángulo izquierdo, es decir, a la siniestra del Padre. Y esto sonaba horrible, porque siniestros eran los asesinos, los monstruos y los comunistas.[90]

En cualquiera de los casos, este tránsito de un cierto tono retórico hacia su opuesto es la cualidad que mueve al lector, al interrumpir el modo mental secuencial y deslizarse hacia otro no secuencial.

LO CONCRETO Y LO ABSTRACTO

Un lenguaje que usa palabras concretas (objetos, personas, lugares específicos) es típico de un discurso sin dobles intenciones. El uso de conceptos abstractos y académicos como *pacificación, efectos colaterales, objetivos, respuestas adecuadas...* etc., en ciertos contextos puede denotar duda, insinceridad o miedo de llamarle *al pan, pan, y al vino, vino.* Esto no quiere decir que un personaje sincero no pueda hablar en abstracto; solo estoy

---

[90] "Disonancia II", de *Los huesitos de mamá y otros relatos,* de la autora.

advirtiendo que un lenguaje abstracto conviene cuando se quiere ocultar la verdad o aludir a una cierta complicidad con el *statu quo*.

Por ejemplo, una ciudad donde el Gobierno decide acabar con los campamentos de los desamparados tomará ciertas medidas concretas. Las autoridades podrían invadir el sitio, arrasar las precarias construcciones y hasta confiscar los bienes de sus habitantes. Es muy probable que una noticia oficial lo anuncie así:

> A fines de proteger la salud pública, las autoridades han decidido modificar su postura sobre las urbanizaciones irregulares con el objetivo de proveer a los habitantes de condiciones de vida más seguras y adecuadas, por lo cual se los ha trasladado a instalaciones comunitarias del Gobierno.

Un periodista que visita el lugar dirá:

> La municipalidad envió a un equipo portando palas y tractores a los campamentos clandestinos de los desamparados, desmantelaron la villa y los llevaron a las barracas del ejército donde los alojarán a todos en dos pabellones, no sin antes confiscar sus bienes personales.

Esta diferencia debe tenerse en cuenta según el tono que le queramos dar a una acotación en nuestro texto: oficial, desapegado y diplomático, o abierto y hasta denunciador y combativo.

Los objetos también funcionan como símbolos en sí mismos, porque todo lenguaje, ya sea concreto o abstracto, es un sistema de signos. Una torre que escupe fuego no solo indica un pozo de petróleo; puede ser emblemático de una presencia extranjera, de una clase social corrupta, de la invasión de un territorio indígena, de una época de indecente contaminación ambiental, de guerra.

Esa fue mi intención en el comienzo de una novela que denuncia la contaminación de la Amazonia ecuatoriana:

> Las torres de fuego flamean sobre una inmensidad verde que se curva hacia el horizonte. De lejos, el techo de la selva es una superficie de homogénea rugosidad de donde emergen, a intervalos regulares, los picos luminiscentes. Por debajo, la vida se agita en un espasmo de muerte.[91]

El estilo y la emoción

Una última nota para todos los escritores y escritoras: la emoción constituye los bloques con que construimos una historia, lo que nos lleva de un estado mental a otro, lo que nos conmueve. El cuentista o novelista es un hacedor de historias y un encendedor de emociones, que consigue que las fantasías parezcan verosímiles. La realidad va a aparecer, en todo caso, no en el argumento *per se,* sino en la autenticidad del tema que le ocupa, en la veracidad del mensaje y en el tono con que lo transmita. En esto incluyo los textos humorísticos, porque estos también nos conmueven. No en vano se dice de un texto que nos hace morir —o llorar— de risa. La emoción, no la distancia, está presente.

Se puede ser un buen periodista aun con un estilo desapegado, o un ensayista con un tono gélido. Pero el fabulador interactúa con el público desde el ángulo de su propio sentir, es persuasivo y no apenas expositor, entreteje los hilos de los sentimientos y habla desde su

---

[91] *El encuentro,* de la autora.

propia sensibilidad a la sensibilidad de su receptor. (Y tal vez más allá. Me he encontrado con un sorprendente libro protagonizado por perros y una historia conmovedora donde los sentimientos perrunos resuenan en el alma humana[92].)

No siempre fue así. A comienzos del silgo XX, la literatura de vanguardia quiso abolir la emoción, en un intento de alejarse del romanticismo. Pero duró poco. Hoy se escribe en general desde el corazón, porque hemos vuelto, aunque con un estilo distintivo, al humanismo.[93]

Aun así, no es inusual toparse con escritores a quienes no les interesa incluir sentimientos. Por alguna razón navegan en la superficie. Hace un tiempo alguien me envió un manuscrito pidiendo mi opinión. En la forma de un relato semificticio, pretendía exponer y denunciar injusticias sociales perpetradas contra una aldea en Ecuador. Este fragmento da cuenta del tono:

> Aquel año se construyó la vía del tren y las tierras de los campesinos fueron confiscadas. Hubo protestas. Algunos se congregaron en la plaza central por dos días, enarbolando carteles.

Además de estar toda redactada en voz pasiva, no hay ninguna referencia humana. Sugerí cambiarla a una voz activa y regarla con un toque de personalización y trato cercano, elaborando algo así:

> Cuando el Gobierno construyó las vías del tren y les confiscaron las tierras a los campesinos, don

---

[92] *Feefteen Dogs,* de André Alexis.
[93] Esto es en lo que se refiere a la prosa. No puedo decir lo mismo de la poesía.

> Martínez y sus hijos salieron al centro a protestar. Cantaban y llevaban en alto sus carteles. El más pequeño cargaba también el suyo. Esa noche las familias acamparon en la plaza.

(Y reproducir el texto del cartel.)
No sé si mi idea fue adoptada, porque no recibí respuesta. No me extrañó en absoluto. Los escritores incipientes y con pocas lecturas en su haber, en general son refractarios a las sugerencias y críticas, aunque sean constructivas. (Quizás no me convenga decir esto en voz muy alta, pero no deja de ser cierto.)

Otros piensan que basta con entretener al lector, ¡para qué escribir con el corazón en la mano! Es posible que lo entretengan, sí, pero el texto difícilmente va a ser memorable. También es probable que estos individuos no sepan cómo hacerlo, porque se han atrincherado en una posición distante. Esto es improductivo en una ficción, porque una prosa fría no conmueve. Recordemos que emoción proviene del latín *emovere*: la propia etimología contiene la idea de movimiento.

Por otro lado, para crear una emoción genuina no es necesario explayarse en descripciones melosas y frases relamidas o sentimentaloides como estas:

> Te recuerdo en cada beso que me dabas en la frente... Te veo en cada sonrisa de un niño... Siento aun el abrazo de tus brazos cálidos de abuela y escucho tu voz sollozante que me llama... Oigo tu risa en los bellos amaneceres... Nunca libraré mi memoria de tu fragancia... y de mis ojos brotan dos ríos de nostalgia... y mi rostro se empapa de lágrimas...

Este texto es parte de una historia presentada para un certamen. Tanta miel derramada entre los ubicuos puntos suspensivos y tantas lágrimas y caricias prodigadas termina por empalagar. O esta otra:

> Lloró durante toda esa noche. Las lágrimas resbalaban por su rostro y mojaban las sábanas, hasta que se quedó seca de lágrimas y de llanto. Afuera soplaba el viento, y adentro su alma se consumía de dolor.

Una breve frase podría haber bastado:

> Lloró la noche entera, con un llanto que ululaba como el viento.

Como siempre, el dictado *muestra, no digas,* también se aplica a la emoción. Muéstrala con imágenes.

EJERCICIOS

Reescribir las oraciones...

1. ...cambiando la voz pasiva por la activa:
El ladrón fue perseguido por un grupo de vecinos y finalmente dominado. Fue llevado a la comisaría donde está siendo interrogado por el investigador.

2. ...usando el concepto de *E-prime*:

  2.1. Eliminando el verbo SER.
    a. ¡Mi primer novio fue muy diferente!

b. El agravio podían ser muchas cosas.
   c. Su defensa fue que...

2.2. Eliminando los verbos ESTAR y SER
   a. El pasillo estaba pintado de azul, y era también la sala de espera.
   b. Cuando ya estaba presa del pánico...
   c. No tenía que explicar por qué estaba enojado.

2.3. Eliminando el verbo HABER.
   a. Hay muchos platos en la pila.
   b. Había una pirámide en medio de la plaza.
   c. Había cientos de pájaros cantando en los árboles.
   d. En el patio de mi casa había árboles donde nos subíamos.

2.4. Eliminando el verbo TENER.
   a. Tenía curiosidad por hallar el camino.
   b. No tengo paciencia con eso.
   c. Tengo miedo de no llegar.
   d. Cuando ya no tenía más miedo...

Consulta la página de Respuestas y sugerencias.

Capítulo 6: Notas sobre diálogos, estructura y personajes

El estilo en los diálogos

El formato de los diálogos ha evolucionado y hoy es menos rígido, tanto en el discurso directo como en el indirecto. Por lo tanto, conviene resolver desde el principio de nuestro trabajo si vamos a ceñirnos a una forma tradicional o a otra más libre. Comencemos entonces con una revisión general de los varios tipos que existen:

El discurso directo

Transcribe palabra por palabra lo que dicen los personajes. Lo convencional es crear un nuevo párrafo para cada interlocutor. Mientras que en inglés se usan comillas, en español comienza con la raya larga:

> —¿Me estáis diciendo que podéis hallar agua en el desierto, señora?
> —Sí, excelencia.
> —¡Estamos en el desierto más árido del mundo! [94]

---

[94] *Inés del alma mía*, de Isabel Allende.

Las acotaciones también se encierran con la raya, y nótese que el punto va después de la misma:

> —Sí, como el abuelo —replica Ángela—. Dijo que volvía en dos meses. ¡Ni el cuerpo mandaron de vuelta![95]

Esta es la modalidad más común dentro del discurso directo. Asimismo, a fin de crear un efecto dinámico, es pertinente tener dos (o más) interlocutores en el mismo párrafo:

> —Nos indemnizaron con un par de vacas —dice Mongegi—. Pero al poco tiempo las comimos— agregó Toiwa con una risita aguda.

Hoy existen más alternativas. En el siguiente ejemplo hay dos interlocutores en la misma línea, y sin las rayas del sistema tradicional:

> Catarino con sus flores en el pelo y su desorden de dientes les ofrece quince ostras con limón y tabasco. ¿Tú mismo las pescas, Catarino? Le preguntan ellas, y él: Sí, yo mismo, de noche, yo mismo.[96]

Hay numerosos momentos similares en la ya mencionada obra de la autora colombiana. Restrepo se ha visto libre de conformar el diálogo como bien le vino. Ni siquiera la consistencia ha sido un factor determinante. Pero lo ha hecho con maestría.

---

[95] *Las aguas del Kalahari,* de la autora.
[96] *Pecado,* de Laura Restrepo.

En su *Ensayo sobre la ceguera,* Saramago utiliza un estilo menos convencional aun, sin punto y aparte, sin raya, sin comillas, apenas una coma entre los mensajes y acotaciones. Y mantiene su estilo en sus otros libros:

> Fue entonces cuando Cipriano Algor dijo, No te preocupes, llegaremos a tiempo, No estoy preocupado, respondió el yerno, disimulando mal la inquietud.[97]

En este ejemplo, y en el contexto de la novela, queda claro quién está hablando. El lector se acostumbra a medida que va conociendo a los protagonistas y reconociendo sus voces.

También es aceptable comenzar con una acotación de un personaje (sin raya) seguido de un pensamiento de otro:

> ¿Una última copita?, le sugirió el director del hotel cuando cruzaba el vestíbulo. Bueno, ¿Por qué no?, pensó, y se fue al bar, ya vacío.[98]

Al novato le conviene ceñirse a las convenciones o, si le gusta el desafío, cuidar la consistencia del innovador formato elegido a lo largo de su cuento o novela. En cualquiera de los casos, recordemos que lo más importante es que, aunque desaforado, suene auténtico. Hablé de esto anteriormente, pero es bueno reforzarlo. Cuando revisamos un diálogo, debemos preguntarnos: ¿Suena natural? ¿Es así como la gente habla? ¿Encaja con el léxico de este personaje en particular? Si nos resulta fingido o cursi, lo sabremos al leerlo en voz alta. Por

---

[97] *La caverna,* de José Saramago
[98] *Manual para mujeres de limpieza,* de Lucía Berlín.

supuesto que la ficción es una historia fingida, pero tiene que ser convincente, por lo tanto, sus protagonistas deberán sonar como lo harían en la vida real.

El discurso indirecto

Los ejemplos anteriores se refieren al estilo que reproduce literalmente y en su integridad todo lo que dice un personaje. Hay también una manera de sugerir un diálogo, ya sea transcribiéndolo en su totalidad, o en forma algo resumida, pero no textual, sino referencial. Es el llamado estilo de discurso indirecto. Aquí se cuenta aquello que alguien dijo, pero que no hemos visto escrito en forma de un diálogo, a través de una reconstrucción más o menos fidedigna, como si lo estuviéramos relatando de forma oral.

Tomemos este párrafo:

>—¡El país nunca tuvo una tasa de desempleo más baja en toda su historia! —exclamó Luis.
>—Sí, pero la grandeza de un país no debe medirse por la tasa de desempleo—retrucó su prima—, sino por la distribución de la riqueza.

Lo mismo podría transmitirse en un estilo indirecto:

>Luis dijo que el país nunca había tenido una tasa de desempleo más baja en toda su historia. Su prima respondió diciendo que la grandeza de un país no debería medirse por la tasa de desempleo sino por la distribución de la riqueza.

Aquí no hemos recurrido al diálogo textual, sino a una referencia.

Pero hay que cuidarse de colocar los verbos en su forma correcta. Si la narrativa está el pasado, como esta, se continúa con igual tiempo. Si está en el presente, la referencia será en el presente:

> —Decime la verdad. ¿Vos hiciste que la caja desapareciera de un lugar y apareciera en otro, justo aquí encima del abuelo?
> —¿Pero ¿qué te pensás que soy? ¿Una hacedora de milagros? ¡Víctor! ¡Yo soy tu guía espiritual no la Virgen de Guadalupe![99]

En un estilo indirecto, ligeramente modificado, diríamos:

> Víctor le pregunta a la abuela si ella hizo que la caja desapareciera de un lugar y apareciera en otro, justo allí encima del abuelo. La abuela le responde que ella no es una hacedora de milagros ni la Virgen de Guadalupe, sino su guía espiritual.

También es posible una versión resumida. Véase el ejemplo ya citado en páginas anteriores:

> ¿Una última copita?, le sugirió el director del hotel cuando cruzaba el vestíbulo. Bueno, ¿por qué no?, pensó, y se fue al bar, ya vacío.

El narrador podría decir:

> El director del hotel la convidó a una última copa. Ella pensó que no era mala idea, y se fue al bar, ya vacío.

---

[99] *Las aguas del Kalahari,* de la autora.

Este estilo indirecto y resumido sirve muy bien para agilizar la lectura y pasar a escenas más transcendentes.

Estilo indirecto libre

En esta modalidad se reproducen los contenidos de la conciencia de un personaje —el soliloquio que refleja sus pensamientos y percepciones— pasando de la tercera persona del narrador, si lo hay, a la primera del personaje, sin recurrir a rayas (porque no es un discurso hablado). Algunos autores hacen la transición directamente, pero esto puede llegar a ser confuso. Otros usan cursivas o comillas. En el siguiente párrafo, por ejemplo, señalé con comillas y frases conectoras la voz interna de mi protagonista, para hacer más clara la transición:

> Atónito, el chico baja con cautela unos metros. El rectángulo tiene dos ventanas. Le parece distinguir paredes de bloques de cemento prefabricados y un techo plano de chapas de zinc. "¿Dónde estarán?" Se pregunta. "Aquí no hay nada más que esto. ¿O es que... es que allí es donde viven? ¿Es posible?" Víctor contempla su entorno, confuso, y luego lo comprende todo. "¡Claro! ¡qué idiota que soy! ¡Claro que viven allí, por eso no quieren traernos![100]

Aunque esta fue mi preferencia, también podría haberlo hecho sin transiciones o comillas. El lector juzgará si la siguiente versión es demasiado ambigua, lo cual le servirá para tomar decisiones en el momento de definir su propio estilo.

---

[100] *Las aguas del Kalahari,* de la autora.

Atónito, el chico baja con cautela unos metros. El rectángulo tiene dos ventanas. Le parece distinguir paredes de bloques de cemento prefabricados y un techo plano de chapas de zinc. ¿Dónde estarán? Aquí no hay nada más que esto. ¿O es que... es que allí es donde viven? ¿Es posible? Víctor contempla su entorno, confuso, y luego lo comprende todo.
¡Claro, qué idiota que soy! ¡Claro que viven allí, por eso no quieren traernos!

Por último, digamos que una narrativa no requiere por fuerza diálogos de estilo directo o indirecto. Verdaderos artistas pudieron crear toda una novela riquísima en escenas y personas sin valerse de acotaciones, como en el libro citado en el capítulo 2, de William Ospina. No las ha necesitado. El narrador es un *yo* que cuenta su historia a un interlocutor en un monólogo que ocupa 236 páginas.

Problemas y soluciones

Citar dentro de un diálogo otro diálogo que tuvo lugar en el pasado puede prestarse a confusión. Por ejemplo:

—Doña Panchita —le pregunté—, ¿cuándo conoció a su marido?
—Fue en la iglesia. Recuerdo que me decía, siempre me gustó aprender. Y a mí también. Un día mi padre me dijo, no puedes ir a la escuela, tienes que ayudarme en la labranza.

¿Quién habla en las dos últimas oraciones? ¿Doña Panchita, su marido o su padre?

Un buen corrector sabrá darle una solución. Pero en caso de que la ocasión no se dé para obtener la ayuda profesional, presento algunas posibilidades:

Posible solución 1: usando comillas.

—Doña Panchita —le pregunté—, ¿cuándo conoció a su marido?
—Fue en la iglesia. Recuerdo que me decía: "Siempre me gustó aprender". "Y a mí también", le dije yo. "Un día", continuó él, "mi padre me dijo, no puedes ir a la escuela, tienes que ayudarme en la labranza."

Posible solución 2: con itálicas (*cursiva*) y comillas.

—Doña Panchita —le pregunté—, ¿cuándo conoció a su marido?
—Fue en la iglesia, el día que contó sobre su infancia. Recuerdo que me decía: "Siempre me gustó aprender". "Y a mí también", le dije yo. "Un día", continuó él, "mi padre me dijo, *no puedes ir a la escuela, tienes que ayudarme en la labranza.*

Posible solución 3: aplicando el estilo indirecto.

—Doña Panchita —le pregunté—, ¿cuándo conoció a su marido?
—Fue en la iglesia. Recuerdo que me decía que siempre le había gustado aprender. Y yo le dije que a mí también. Y él continuó diciendo que un día su padre le dijo que no podía seguir yendo a la escuela porque tenía que ayudarlo en la labranza.

Breves Notas sobre la estructura

El desarrollo o marco narrativo de un cuento o novela ocuparía un tratado aparte, dados los numerosos aspectos que el tema presenta. Por lo tanto, me limito aquí a comentar la importancia de la oración inicial, y luego ofrezco un panorama muy a grandes rasgos sobre lo que constituye la arquitectura general de una narrativa, a modo de punto de partida para quien esté comenzando a escribir.

La oración inicial

Mientras se va dando forma al texto —y esto vale para cualquier género literario en prosa— debemos estar alerta a lo que podría ser la frase u oración inicial, dado el innegable poder seductor de esta. Formular una pregunta, establecer un dilema, esbozar un conflicto o lanzar una mera palabra o expresión penetrante son diversas maneras de crear un "gancho" para agarrar al lector por el pescuezo, por así decir, y hacer que se quede con nosotros.

Como ya mencioné, uno de los párrafos iniciales más célebres es el de Dickens. Anuncia una contradicción y queremos saber de qué se trata.

> Fue el mejor de los tiempos, fue el peor de los tiempos... [...].

Una buena técnica es subrayar las frases que creamos a medida que se va horneando nuestro trabajo, y ver si podría ser modificada y adaptada para un párrafo inicial.

Apuesto a que la autora de *El tiempo entre costuras*[101], por dar un ejemplo, no comenzó hablando de una máquina de escribir que desbarató su destino, sino que la imagen surgió después durante el proceso de la escritura.

---

[101] *El tiempo entre costuras,* de María Dueñas.

Pero a veces las oraciones iniciales surgen sorpresivamente, sin buscarlas. En mi historia sobre Don Col[102], no se me ocurrió comenzar con una nota periodística hasta que, casi finalizada la escritura, me encontré con esta, que tan bien encaja en el perfil de este hombre negro de mi pueblo:

> *La ciudad de Charlottesville se vio envuelta en uno de los más sangrientos enfrentamientos cuando blancos supremacistas de extrema derecha defendía la permanencia de los monumentos de los confederados en los estados del sur, lo que concluyó con la muerte de una mujer y decenas de heridos.* [103]

Captar la atención del lector de entrada es algo que el periodista tiene como primerísima regla. Por ejemplo, esta noticia:

> Salí de Nicaragua de forma intempestiva. Aunque fue hace pocos meses, para mí el calendario ha transcurrido con lenta obstinación.

¿Por qué promete ser un artículo interesante? Porque comienza con un verbo de acción, porque se narra en primera persona y porque ya apunta hacia la existencia de un drama.

Notemos el adjetivo "intempestiva", igual que la frase "lenta obstinación" aplicada al paso de los días, tan contraria a nuestra habitual percepción de sentir el tiempo volar.

---

[102] *Los huesitos de mamá y otros relatos*, de la autora.
[103] New York Times, *Charlottesville*, agosto de 2017.

El primer párrafo también cumple la función de poner en movimiento la trama, porque ya se ha imaginado un marco argumental. Pensemos en el portón que se ha abierto y el toro que sale bramando. Ahora es cuestión de que el torero sepa danzar con él. Por eso, una manera interesante de comenzar es arrancar en medio de un incidente desde el cual el protagonista no pueda volver atrás. Esta arquitectura, llamada *comienzo a media res*, logra encender la expectativa del lector desde el primer momento.

Autores de todos los tiempos, pero marcadamente en los últimos cien años, han acudido a cuantiosos artificios para enganchar al lector y hacerlo partícipe de la escena. Por ejemplo, Restrepo abre su novela con un "Entonces":

> Entonces se abría la noche de par en par y sucedía el milagro: a lo lejos y al fondo, contra la oscuridad grande y sedosa, aparecían las ristras de bombillas de colores de La Catunga, el barrio de las mujeres.[104]

O un diálogo:

> —Víctor, el mundo se está secando.
> —Vos decís eso porque hace treinta años que estás bajo el agua. Y cuando salís, todo te parece seco.
> —¡Qué impertinente!
> —¿Y yo qué puedo hacer?
> —Mucho. Primero, buscá a tu abuelo. Él conoce el tema. No por nada viajó tan lejos.
> —El abuelo está bien muerto.

---

[104] *La novia oscura,* de Laura Restrepo.

—Como sea, buscalo. De los muertos también se aprende.[105]

O una pregunta en un diálogo:

—¿No es peligroso un viaje así de mochileras para dos chicas solas? —preguntó mi madre.
—Bueno, al menos, que se lleven anticonceptivos, por si las violan —aconsejó mi hermano, con su acostumbrado humor negro. Mi madre le lanzó una mirada furibunda. Yo lo ignoré.

O una serie de preguntas:

Esta mañana llamó Luisa diciendo que esta tarde, al venir a visitarme, me traería buenas noticias. ¿Pero qué puede ser, ahora, para mí, buenas noticias? ¿Qué ha resucitado Bartolo? ¿Qué...[...][106]

El autor continúa por media página con una serie de preguntas todas encabezadas con el "que", y con ellas nos da montón de datos sobre el drama que se está desarrollando.

En inglés hay una frase canónica para indicar <u>lo que no se debe hacer</u>: *It was a dark and stormy night...* Comenzar con la descripción del clima ya se ha vuelto un chiste. Sin embargo, si estamos en una estación científica en la Antártida o en medio de una tormenta de arena en el Sahara o minutos antes de que irrumpa el monzón en algún lugar de la India (como el comienzo de *El dios de las*

---

[105] *Las aguas del Kalahari,* de la autora.
[106] *Lagartija sin cola,* de José Donoso.

pequeñas cosas[107]), el tiempo es casi un protagonista, y se lo puede presentar de entrada. Lo importante es no lanzarse con una frase hecha o insulsa como *Era una noche oscura y tormentosa.*

El siguiente sería un ejemplo de un comienzo que, aun siendo aceptable, bien se podría transformar en otro más enigmático. Comparemos los dos:

> Estaba recostado en la hierba, todavía medio dormido. Había sido un día duro. Abrí uno ojo para ver si Hernán ya había preparado el café. Esperaba ver una taza humeante en la mesa de campaña. Pero no pude ver nada.
>
> Todavía estaba oscuro. Solo escuché el chillido de los grillos y otras aves nocturnas. Me sentí aplastado por la oscuridad, por tanta negrura. Y por el miedo.
>
> Hernán me sacudió y me dijo: —Levántate. Ayúdame a enterrar al muerto.

¿Por qué no comenzar por el segundo párrafo?

> Hernán me sacudió y me dijo: —Levántate. Ayúdame a enterrar al muerto.
>
> Yo estaba recostado en la hierba, todavía medio dormido. Había sido un día duro. Abrí un ojo, pero no pude ver nada. Todavía estaba oscuro. Solo escuché el chillido de los grillos y otras aves nocturnas.
>
> Me sentí aplastado por la oscuridad, por tanta negrura. Y por el miedo.

---

[107] *El dios de las pequeñas cosas,* de Arundhati Roy.

No siempre es necesario comenzar con un golpe como este para catapultar al lector. A veces basta con usar una imagen inusual o intrigante:

> Ese verano pasamos las vacaciones en un hotel espacial en Marte. ¡Aburridísimo!

Las frases iniciales intrigantes nos atrapan. Si no hay nada en el comienzo de tu narrativa que mueva al lector a continuar leyendo, no sirve. ¡Cámbialo! ¡Busca otro comienzo!

La arquitectura general de un texto

Una de las técnicas más usadas en la escritura es la manipulación de la secuencia, porque el escritor tiene ese privilegio de hacer andar el tiempo al derecho y al revés. Si hemos historiado siguiendo una cronología lineal, esta es casi siempre susceptible de ser dividida en unidades y barajarlas de modo que cree tensión e intriga, comenzando desde el final (*in extremis*) o desde el núcleo o crisis o clímax, o desde cualquier otro momento (*a media res*) con tal de que al final la historia contenga los elementos dramáticos. Es decir, el célebre arco narrativo se revela como un arco solo después de la lectura cuando nuestra comprensión recompone las partes que habían sido encadenadas de manera no temporalmente secuencial.

Muchas novelas se inician *in extremis*, por ejemplo, con una muerte. Luego vuelven al pasado para seguir el hilo del ovillo de Ariadna que condujo a ese final. Sirva la siguiente cita de un comienzo de novela para ilustrar esta extrapolación de los tiempos y eventos.

> Mario y Amanda yacían en el suelo en un rígido abrazo. Una hilera de hormigas exploraba las gotas

del fatídico líquido en la boca de la ampolla. Sería su última cena. Treinta años antes, se habían conocido en un barco con rumbo a las islas Galápagos [...]

Podría argumentarse que, si se empieza por el final, se estaría arruinando el factor sorpresa. Esto no es necesariamente verdad si se sabe usar el dramatismo en el momento preciso. Hay excelentes historias cuyo final ya es archisabido y, aun así, mantienen el interés del lector hasta la última línea.

Un ejemplo extraordinario es la novela *El hombre que amaba a los perros*.[108] Sabemos ya de entrada que Trotski fue asesinado en un barrio de la ciudad de México. Tal vez sepamos cuándo, quién y tengamos alguna idea del cómo o porqué. Sin embargo, la intriga está en la retención de los elementos álgidos de una historia tan multifacética como complicada, de todo lo que está detrás de este célebre asesinato.

Empezar por la crisis o clímax, la escena culminante que define la historia, para luego seguir adelante y volver atrás, o viceversa, es otra manera de crear dinamismo. García Márquez, en su *Crónica de una muerte anunciada*, ofrece un imperdible modelo de cómo se puede transponer la secuencia de los eventos y quebrar la linealidad, comenzando con el crimen o muerte ya anunciada por todo el pueblo. No importa si sabemos "cómo termina", lo que no sabemos es el porqué, el quién, el cuándo y, sobre todo, la naturaleza del "anuncio". En general, este tipo de arco narrativo se vuelve circular, porque el fin se une con el comienzo. Aunque hay otros tipos de narrativas circulares que pueden ser repetitivas.

---

[108] *El hombre que amaba a los perros*, de Leonardo Padura.

Dosificar la información

Los mejores autores saben cómo dosificar la información para hacer la lectura interesante.

En mi novela *Las aguas del Kalahari*, el diálogo inicial solo identifica a un interlocutor. Únicamente se sabrá quién es el otro al término del segundo capítulo. En el primero se sabe que el personaje irá al Kalahari en busca de su abuelo muerto. En el tercero se revela que hay una posible segunda intención, y solo hacia la mitad del libro el lector sabe quién está por detrás, con una "agenda" diferente, la que impulsó la acción inicial.

Esta manera de entregar información de a poco puede ir diseminada a través de las páginas y siguiendo una secuencia temporal, como en mi ejemplo; o se puede jugar con el tiempo, formando una pintura cubista donde los datos surgen en escenas aparentemente inconexas para reunirse al término de la narrativa.

En ambos casos, es un recurso más bien de la novela, o un cuento con cierta extensión que permita esta manipulación de elementos.

Las **líneas finales** de una narrativa también merecen nuestra atención, pero no son tan críticas como las iniciales, ya que con un comienzo débil el lector no se sentirá inclinado a continuar, y nunca llegará al estupendo final. Claro que hay textos en que el último párrafo no ofrece un mero "broche de oro", sino lo que constituye una parte imprescindible del argumento, sin el cual la historia no significa nada. No me refiero a estos, muy típico de los cuentos [109], sino a textos donde el desenlace o resolución ya ha ocurrido, y la última o últimas oraciones son un comentario de cierre: en tal caso, un buen final aumenta el

---

[109] Véase como ejemplo "Las ruinas circulares", de J.L. Borges.

mérito de la narrativa y puede contribuir a hacerla inolvidable.

BREVES NOTAS SOBRE LOS PERSONAJES

Este tópico también merece un tratado aparte, de modo que aquí ofrezco apenas algunos pensamientos para ir teniendo en cuenta.

En primerísimo lugar está la necesidad de **evitar los clichés** cuando imaginamos a un personaje. Es posible que una novela infantil o corta no se preste para profundizar en complejidad de carácter, pero al menos se debe evitar lo acartonado. Los seres humanos somos cambiantes, enredados, ambivalentes y plurivalentes. Sus diferentes "yoes" podrán estar en más o menos oscura o clara —y tal vez inconsciente— tensión u oposición, lo que nos obliga a alejarnos de lo estereotipado.

Claro está que, dentro de estos matices psicológicos, cierta mínima coherencia interna se hace necesaria. Un sujeto taciturno tal vez no tenga un coche rojo. Uno expansivo no elegirá una vida ermitaña por largo tiempo. Tendremos que saber equilibrar las tensiones internas con lo que es posible.

Además de lo dicho sobre el lenguaje adecuado para cada personaje en el capítulo 2, conviene recordar que el **lenguaje corporal** habla volúmenes. En el famoso libro *El mono desnudo*[110] se encuentran interesantes ejemplos de cómo las posturas nos emparentan con nuestros antecesores en el reino mamífero. Estos pueden ser una fuente inspiradora. Otro clásico es el *Body Language*[111], que sentó los principios básicos del tema. A partir de allí, numerosos artículos se publicaron en línea, lo que nos

---

[110] *El mono desnudo (The Naked Ape),* de Desmond Morris.
[111] *Body Language,* de Julius Fast.

puede ayudar a hacer hablar a nuestros personajes con su gestualidad.

La inserción de un movimiento físico en una escena puede suplantar un párrafo entero de descripciones. Por ejemplo, fruncir el ceño, apretar los dientes, morderse las uñas, retirarse un paso hacia atrás, cruzar los brazos sobre el pecho, bajar la cabeza, levantar las cejas, mantener la mirada firme, mirar sin pestañar, tamborilear con los dedos sobre una superficie, llevarse las manos a las caderas (tipo jarra) y las variantes en sonrisas (abiertas, despectivas, tensas, etc.) son los gestos más elocuentes. Aunque algunos puedan ser de significados ambiguos (por ejemplo, quien pestañea rápidamente puede estar mintiendo o confuso), en el contexto de la narrativa se harán más claros.

También la **ropa,** o la ausencia de esta, nos dice mucho sobre la acción: la joven inmigrante indocumentada que debe prevenirse del acoso sexual en la frontera se vestirá con ropa masculina. Otros usarán no lo que oculta, sino lo que revela su sexualidad, estatus social o posición ideológica, y aun sus manías o esquizofrenia. Un personaje muy reservado difícilmente se vista de forma extravagante.

Nada más perdurable en la literatura que el **nombre** de un personaje. Recordamos más a Ulises (Odiseo) que a Homero. Podemos olvidar que el nombre completo de Cervantes es Cervantes y Saavedra, pero no don Quijote. Se nos puede escapar de la memoria Fernando de Rojas, pero no La Celestina. Tanto el héroe mitológico como el Caballero de la Triste Figura como la Medianera se han perpetuado en el idioma como sustantivos (una odisea), adjetivos (quijotesco) o frases (hacer de Celestina). Aureliano Buendía seguirá siendo un nombre amado y Funes el memorioso, citado en los tratados psicológicos.

Nombrar es eternizar, como lo hiciera Adán en el exilio cuando nombró a los animales. Este parece ser un concepto que ya llevamos internalizado, si me voy a guiar por el diálogo que tuvo lugar hace poco entre mi hija Karen y su hija de cuatro años (la niña de *Abu, robber is a bad man!*):

—Mamá, no quiero que te mueras.
—Solo me voy a morir en mucho, mucho tiempo, cuando tú ya seas grande y tengas tus propios hijos y ellos sean grandes.
—Entonces, cuando yo tenga una nena, le voy a poner de nombre "Karen", así tú no te mueres nunca, nunca.

El nombre que elegimos para los personajes suele tener una intención, pero no deben ser rebuscados, sino sugestivos, ya sea porque concuerdan con la personalidad o porque la niegan (y se vuelve irónico). En cualquier caso, conviene que concuerde con la edad, la época en que lo ubicamos y la nacionalidad, dato este último que se encuentra fácilmente en Internet.

Podemos optar por nombres de pila o nombre y apellido o apellido solamente, o un apodo, o el nombre que indique una profesión. Hay nombres antiguos y modernos, de campesinos y de gente urbana, nombres llenos de perfumes, como *Susana* (de "azucena"), *Lilia*… O que traen brisas marítimas, como *Alicia, Eloísa, Celia*… Están los cargados de espinas, como *Dolores* o *Jesús María*; los de vírgenes, como *Lourdes, Inmaculada;* los llorosos, como *Magdalena*. Otros se inventan, a veces intencionalmente maliciosos, como *Satanasio*, en vez de *Atanasio*. Hay nombres breves y ruidosos que recuerdan a roedores (como el de esta autora, que completa la cacofonía).

Es muy posible que no tengamos una idea concreta de lo que vamos a crear, pero si se tiene un nombre que encuadra con un cierto personaje, hay que guardarlo para cuando se presente la oportunidad.

Una novela reciente[112] nombra a los protagonistas con los artículos *Él* y *Ella,* y los personajes satélites llevan apenas una inicial. Supongo que ese anonimato intenta ser emblemático de la sociedad contemporánea de una gran metrópolis como Madrid, donde, según el autor, hasta la intimidad está invadida por la tecnología que despersonaliza y aliena. Sin embargo, al robarles a sus personajes un nombre, les ha robado también claridad. Se han vuelto entidades difusas y confusas, complica el seguimiento de la trama y algunos lectores, yo entre ellos, pierden la paciencia.

Una nota final: un personaje no necesariamente debe estar presente. Puede que exista totalmente **fuera del escenario** y, sin embargo, tener una presencia definitiva en el texto. Se habla de él o ella, se la recuerda, se la juzga, se la invoca, se leen sus cartas..., pero no aparece en *carne y hueso*. A veces, el ausente puede tener un papel definitivo en la trama. Lo hacemos hablar desde la ultratumba y desde allí encausa el destino de los personajes vivos.[113]

La relación entre narrador y protagonistas

El grado de simpatía que podamos tener con nuestros protagonistas es un punto interesante. Así como el personaje es complejo, en general, ni muy bueno ni muy malo y, a veces, más lo uno que lo otro, también sus posiciones éticas pueden ser tratadas con ecuanimidad,

---

[112] *Mañana tendremos otros nombres,* de Patricio Pron.
[113] Para este tipo de personaje ausente pero definitorio, véase mi novela *Las aguas del Kalahari.*

especialmente cuando se quiere mostrar la dificultad de un punto de vista moral o filosófico. Recibí mi primera lección sobre esto hace décadas, en una vieja película italiana de corte izquierdista sobre un movimiento obrero. Los huelguistas abandonaron las fábricas en protesta; pero había un rompehuelgas o esquirol al que se disponían a masacrar. Solo cuando entraron a su casa y se dieron de cara con los rostros del hambre de los numerosos niños, el implorante de su esposa y la extrema miseria en que vivían comprendieron la falta de alternativa del camarada. Dos puntos de vista, un dilema. El autor debe ponerse en los zapatos de sus criaturas. ¿A quién acusar? ¿A quién condenar? ¿O solo mostrar y dejar al lector decidir? Hay situaciones claras y principios inapelables que no podemos ignorar, y debemos tomar partido. Pero habrá otras ambiguas. Ambas perspectivas sin duda se nos van a presentar en el curso de una narrativa y la elaboración de nuestras criaturas literarias. Tendremos que estar atentos.

EJERCICIOS

1. Transformar el estilo directo del diálogo en indirecto:

    a. Usando el tiempo presente.
    b. Usando el tiempo pasado.

    Gana lleva al burro de las riendas.
    —Pihelo, le va a ser difícil resistir ¿sabe?
    —Gana, difícil es hilvanar un collar de estrellas. Eso es difícil.

2. **Reescribir este texto** cambiando el orden de las oraciones de manera que haya un comienzo más interesante:

> Matilde está sola en casa. Su esposo salió hace dos meses y le envía de vez en cuando un telegrama con su nombre, Juan, para que ella sepa al menos dónde está. Como el costo es de diez centavos por palabra —y, siempre parsimonioso con el dinero—, Juan no quiere gastar otros cuarenta centavos en un, "te mando un beso"; o ni siquiera veinte más, con un "te quiero" o "un beso" o algo así. Y ella sola en casa, sin cariño, sin hombre. Su vecino también anda solitario. Poco a poco, la idea va tomando forma en la mente de Matilde, ávida de caricias, y desde su interior esta idea se va deslizando hacia abajo y materializando en el centro de su universo, aquel menos etéreo. Y ya está considerando los riesgos de invitarlo a su cama matrimonial. También pondera las consecuencias morales. Lo piensa. Revisa los diez mandamientos y al fin concluye que fornicar no es pecado, porque la Biblia dice: "no codiciar la mujer del vecino". ¡No se hace mención alguna del hombre de la vecina! Sintiéndose indultada de antemano, se va al patio y llama a través del muro que separa ambas casas.
> —Felipe, me quedé sin huevos. ¿Usté tendría dos para prestarme? Quería hacer una tortilla...

Consulta la página de Respuestas y sugerencias.

Capítulo 7: La revisión

Obtener un buen texto es todo un proceso: se escribe, se borra, se tacha, se vuelve a redactar, se agrega, se suprime, se mueve de lugar, hasta que llegamos a un resultado legible y coherente. Algunos son rigurosos con el léxico y la sintaxis durante el proceso de la escritura. Otros lo dejan para una autoedición final. La mayoría alterna, ora escriben rápido y con un mínimo de detenimiento en cada frase o vocablo, ora son puntillosos en cada paso que dan.

Se dice a menudo que estas dos actividades, regidas una por el modo del hemisferio mental izquierdo (analítico y crítico) y otra por el derecho (creativo e intuitivo) raramente son concomitantes. Yo no lo afirmaría sin un hilo de duda. Existe una constante interacción entre los dos modos mentales. Pero creo sí que hay ciertos beneficios en componer una sección entera sin pretender perfección ni mucho menos. La obsesión de querer corregir cada frase puede socavar la habilidad e interrumpir el flujo creativo. Por supuesto, la modalidad dependerá de la personalidad de cada uno y de cada ocasión. La práctica nos dicta lo que funciona.

Pero, aunque se haya corregido mientras se escribe, a menudo vemos la necesidad de reorganizar, y cuando se vuelven a cocer los segmentos, surgen nuevos errores, tanto en la mecánica como en la coherencia y legibilidad del texto. Por eso es imperativo leer y releer antes de darse por satisfecho. Aun para los más seguros de la perfección de su gramática y léxico, una seria revisión final es condición inapelable antes de someter un texto a los ojos del jurado en un concurso, de un agente literario o de una editorial; sin hablar de enviarlo a la imprenta o a la compañía "equis" si se está autopublicando (porque estas no editan como prometen). Asimismo, antes de compartirlo en un club de escritores o pagar a un editor o corrector (algo que conviene no esquivar), mucho es posible hacer en casa. No olvidemos que, en general, el coraje es lo que sobra y la maestría ...no siempre.

Dividiré la revisión en dos pasos. La primera, más general, tratará de las estrategias para asegurarse de que el texto sea legible; la segunda, hilando más fino, deberá captar errores gramaticales o de léxico, tipográficos y de formato.

Primer análisis

Este primer análisis es para asegurarse de que tenemos un texto coherente y libre de errores básicos, respondiendo a las preguntas:

- ¿Se mantienen los tiempos verbales? La confusión ocurre a veces por mera distracción y desices automáticos, y otras veces por un intento fallido de transgredir convenciones. Ni lo uno ni lo otro ayuda a obtener un texto claro. Si hay un cambio de pasado a presente o viceversa, tiene que estar estilísticamente justificado.

- ¿Se mantiene la perspectiva (primera o tercera persona como narradora, por ejemplo)? Y si hay deslices ¿tienen un propósito o sucedió por desatención?

- Si hay múltiples voces narradoras, ¿quedó claro quién habla en cada caso?

- El lenguaje ¿es correcto? ¿Hay repeticiones de palabras? ¿Hay léxico muy común que se podría mejorar con sinónimos más precisos y variados? ¿Hay anglicismos innecesarios u otras intrusiones foráneas a nuestro idioma? ¿Se sostiene basado en multitud de profanidades, vulgarismos o jerga regional? ¿Es sexista o racista?

- ¿Los diálogos reproducen la manera de hablar del personaje, de acuerdo a su edad, género, clase social, etc.? ¿Son creíbles?

- Los términos coloquiales o errores gramaticales que a veces aparecen en el habla popular, ¿están en boca del personaje o se le han contagiado al narrador omnisciente?

- ¿Tenemos adjetivos innecesarios, exagerados, gastados o redundantes del tipo "el azul cielo" y "la verde hierba"?

- ¿Hay repetidos adverbios terminados en -*mente* en la misma página?

- ¿Usamos demasiados verbos de existencia o tenencia *(ser, estar, haber, tener)* en sus diversos tiempos, que podrían sustituirse por verbos más dinámicos?

- ¿Están las frases suficientemente condensadas, o hay palabrerío inútil, abuso de pronombres relativos, conjunciones del tipo *que, cuando, el cual,* etc. y otros vocablos conectores no indispensables?

- ¿Tenemos párrafos interminables, con una pluralidad de frases concatenadas de modo que el lector tiene que detenerse varias veces para aspirar antes de morir en el proceso? ¿Hay oraciones tan largas que el lector termina por desconocer quién la dice? Si el párrafo extenso y sin puntuación convencional ha sido un estilo conscientemente adoptado —con el riesgo que esto implica en un escritor novel— ¿se mantiene tal estilo de forma consistente?

- ¿Hemos dado el manuscrito a otro lector para cerciorarnos de que se entiende este estilo sin puntuación tradicional y que no ha resultado en una impenetrable espesura?

- ¿Hay uso de la voz pasiva (cuando no se trata de un informe policíaco o un texto jurídico o político que requiera distancia) que quedaría mejor en voz activa?

- ¿Hemos abusado de las elipsis y los énfasis con signos de exclamación, fuera de los diálogos? ¿Hemos colocado estos signos en *la apertura* y el cierre, como corresponde en el español?

- ¿Hay descripciones plagadas de diminutivos y aumentativos?

- ¿Hay recurrencia innecesaria de conceptos y explicaciones extensas?

- ¿Hay observaciones y opiniones del narrador omnisciente que corresponderían más bien a los protagonistas? Y si este es un estilo predilecto y consciente ¿esta voz del narrador "cercano" es coherente a lo largo de todo el manuscrito?

- ¿Hemos observado si la conducta de algún personaje no constituye un notable cliché? ¿Hay demasiadas frases hechas y lugares comunes?

- Después de leer el texto en voz alta, ¿se detectan frases simétricas? ¿Rimas involuntarias en una prosa? ¿Aliteraciones forzadas?

- ¿Tenemos una oración inicial atractiva?

- Finalmente, ¿es un texto legible o es una prosa enmarañada? La respuesta puede ser obvia para el autor. Él o ella lo entiende. Pero ¿es de veras clara para los lectores? ¿Lo ha leído otra persona, un familiar, un amigo? Si este te dice *No entendí nada,* puede significar dos cosas: o que tú eres un sutil e incomprendido genio o *genia* y mereces lectores igualmente sutiles y geniales, o que tendrás que seguir revisándolo.

También hay composiciones poco entendibles no por su calidad literaria, sino porque se manejan conceptos obvios solo en un restricto ámbito cultural. Esto me ha sucedido recientemente con un relato extraído de recuerdos de infancia que titulé *La bestia durmiente*, y llevé a mi club de escritores. Comencé con la descripción detallada de cómo, en un día soleado, despachurrábamos a las "bestias" con salvaje alegría y les extraíamos las tripas para lavarlas y desmadejarlas. Noté la expresión de horror en el rostro de los oyentes. "Muy bien —me dije—, eso es lo que quiero, ¡horror e intriga a lo Quiroga!" Y para dar la primera pista, seguí mi relato hablando de *cuántos sueños por mí olvidados esos suaves copos estarían albergando. Después de todo, habíamos estado en íntimo contacto, cuerpo contra cuerpo, noche tras noche...* Rematé mi historia, ya con la convicción de que al fin se desataría el nudo, con una nostálgica reflexión sobre los tiempos pasados, en que los objetos eran renovados y reutilizados año tras año. Recibí el silencio estupefacto de mis colegas. No, no sabían de qué diablos les estaba hablando. "¿Cómo que no se entiende? ¿Sus abuelas nunca desmontaron un colchón para lavar, secar y desapelmazar la lana de oveja, y abrir los copos con los dedos y dejarlos como telas de araña, para remozarlo y hacerlo otra vez mullido?" "¿Qué lana?" me preguntaron. "Los colchones, antes de ser de gomaespuma, ¡eran de resortes! De esos que se te clavaban en las costillas. ¡De dónde piensas que vamos a sacar la lana de oveja en México!"

Caí en la cuenta de que yo había visto todos los antiguos colchones del mundo desde el prisma de mi tierra pampeana y patagónica, donde hay más ovejas que gente. Y que algunos imaginarios colectivos no son nada más que eso, suposiciones comunitarias compartidas.

Segundo análisis

En este paso vamos a tener en cuenta la corrección ortotipográfica, gramática y léxica, así como la consistencia en la escritura de lugares y nombres propios.

Errores ortográficos y tipográficos

El programa Word es un aliado para detectar errores de este tipo, si está correctamente formateado. Sin embargo, no solo no es infalible en cuanto se le escapan errores, sino que conviene usarlo con atención y analizar las alternativas que nos da. El autocorrector puede no distinguir los sustantivos homónimos, como *vacía* y *bacía;* o el verbo y el participio *echo* y *hecho;* o los acentos que sobran o faltan, como en *mas* (pero) y *más;* o *página* y *pagina* (de paginar). Tampoco corrige las mayúsculas innecesarias como en Don y Doña seguidos de un nombre, o los adjetivos derivados de los nombres propios que, a diferencia del inglés, se escriben con minúscula. [114]

Consistencia ortográfica

La falta de consistencia surge con frecuencia en los nombres propios y los lugares geográficos, ya que hay maneras alternativas de deletrear unos y otros, en una lengua original o en su traducción al español. Por ejemplo, adjetivos como hindi, hindú e indio pueden referirse al idioma, la religión, la comida o el ciudadano de la India, pero no indistintamente. Una vez que se ha decidido cuál adoptar para determinados casos, se hace necesario mantenerlo a lo largo del texto.

Errores de léxico

Mi padre le llamaba *mataburros* al diccionario que teníamos en casa. Tal vez por esa expresión tan recia y pintoresca los he llegado a amar. Los tengo de significados, de sinónimos y antónimos, bilingües, del lunfardo, de aberraciones lingüísticas. Físicos o en línea, poseerlos a mano es un consejo de lo más elemental.

---

[114] El programa es una ayuda inicial. Pero de ser posible, la ayuda profesional es recomendable. Tanto en España como en muchos países de Latinoamérica existe una unión de correctores a las que se puede acudir.

A veces, en medio de una "lluvia de ideas" barajamos palabras tal como emergen y salen de los dedos sin vacilar o reparar en su exactitud y origen. Pero en el momento de editar, hay que convocar la mente analítica para un escrutinio de todo aquello que presente alguna duda, dados los varios significados de algunos vocablos, y los anglicismos innecesarios y falsos cognados que nos afectan. Estos últimos requieren especial atención.

El español, como cualquier otra lengua, tiene palabras **polisémicas** (de significados diversos) y a veces contradictorios, como el adjetivo *escatológico* o el verbo *sancionar,* entre muchos.

En cuanto a los **anglicismos** (calco idéntico o modificado de una palabra inglesa que no existe en el español) u otros **extranjerismos,** en general son detectados por el corrector automático. Pero no así algunas traducciones literales de ciertas expresiones, tales como las del dialecto chicano (como "llamar para atrás" por *to call back)* que en un texto en español estándar constituye un aberrante barbarismo.

Los más insidiosos para los escritores bilingües son los **falsos cognados,** también llamados "falsos amigos". *Librería* no es biblioteca; *aplicar* no es solicitar, *formidable* no es intimidante, *asignatura* no es una firma, *actualmente* no es verdadero, *alrededor de* no es acerca de...

Las instancias son numerosísimas. El Internet muestra unas cuantas en este enlace, entre otros : https://research.steinhardt.nyu.edu/scmsAdmin/media/us ers/nbm3/SpanishEnglishFalseCognates.pdf

Errores gramaticales

No es lugar aquí para enumerar los posibles errores en el uso de la gramática española. Propongo que se consulte un libro de texto sobre "barbarismos" o "anacolutos" o los varios artículos sobre el tema en internet, para estar alerta a ellos. Como ya he advertido, el corrector automático no los detecta.

Por ejemplo, escribo esta frase:

> Las reglas de la puntuación merecen ser tenida en cuenta para darle claridad a los textos.

Y compruebo que el corrector ignoró la falta de concordancia sintáctica. Debería decir:

> Las reglas de la puntuación merecen ser tenida**s** en cuenta para darle**s** claridad a los textos.

Quiero además llamar la atención sobre un problema muy común entre los latinoamericanos: el uso del subjuntivo cuando el verbo principal está en pasado. Por ejemplo:

> *Yo quería que vinieras...* aparece erróneamente como *Yo quería que vengas.*[115]

Puntuación

Es cierto que las reglas, en este aspecto, muy estrictas en los manuales de gramática, tienden a ser violentadas por algunos escritores contemporáneos que, como hemos visto, han sido muy creativos en cuanto al formato, en

---

[115] El uso es tan frecuente que ya no me atrevo a condenarlo. El hecho de haberse incorporado a la lengua cotidiana me lleva a pensar si no debería ser finalmente aceptado. Pero no es mi opinión la que importa en este momento, sino saber cuál es la forma correcta.

especial en los diálogos. Para el jurado de un certamen es muy desalentador leer textos con faltas en la puntuación. Un estilo desenfadado y novedoso en manos expertas no debe confundirse con el aventurismo literario de principiantes y espontáneos. Como vengo diciendo, a riesgo de aburrir a mis lectores (o granjearme su antipatía): antes de querer transgredir los cánones de la escritura es necesario conocerlos, ganarse el derecho a ignorar los códigos sin sacrificar la claridad de la escritura.

El conocimiento de esta parte de la gramática no parece ser muy común entre aquellos que se dan a la tarea de escribir. Ausencia o colocaciones equivocadas son ubicuas. Este saber se adquiere por lo general en la escuela primaria; pero si se carece del mismo, habrá que abocarse al estudio de un manual con muchos ejemplos o contratar a un corrector.

Otro punto ciego parece existir en el uso de la raya y el guion y la colocación de puntos y comas que le siguen o preceden, por lo cual voy a dedicarles un espacio aparte en el Apéndice B.

USTEDES VERSUS VOSOTROS

Finalmente, esta es una nota de advertencia que podrá resultar una futilidad para la gran mayoría, pero que, el haber visto el pecado con cierta frecuencia, me impulsa a denunciarlo.

Ciertos hispanohablantes de las Américas a veces mezclan en su escritura la forma del **ustedes** con la del **vosotros**. He leído cuentos que comienzan con: *Os voy a contar una historia...* Y a continuación el autor se olvida de su preciso pronombre *Os* y su hábito lo lleva a lo que le es familiar: *les, ustedes,* etc.

> Os voy a contar una historia. Me ocurrió durante mi adolescencia. Ustedes podrán pensar que es un invento mío, pero les juro que voy a relatarles la pura verdad, créanme.

El autocorrector por lo general lo ignora.

Si el escritor es de España o, si no siéndolo, por alguna razón opta por esta forma, tendrá que ser consistente:

> Os voy a contar una historia. Me ocurrió durante mi adolescencia. Vosotros podréis pensar que es un invento mío, pero os juro que voy a relataros la pura verdad, creedme.

Esta incoherencia en el modo gramatical es un barbarismo no cometido por los hablantes españoles, por supuesto, sino por los hispanos de las Américas, herederos de un español de los siglos XVI y XVII en vías de transición que nos dejó con los cables mezclados.

El error se ve mucho entre quienes hacen poesía. ¿Tal vez por creer que el *vosotros* es más lírico? ¿O por la influencia de lecturas que han adoptado la forma del español peninsular en sus traducciones, tales como la Biblia? ¿O por influencia del cura local de nuestra infancia que había incorporado esa forma por parecer más sagrada y convincente?:

> Hijos míos, amaos unos a los otros. ¡Y no os olvidéis del diezmo!

Recordemos: un personaje sí puede cometer estos equívocos, siempre que sean parte de su perfil.

Por otro lado, si un personaje habla español peninsular, el uso de la forma del vosotros es obligatoria:

—¿Queréis que espere con vosotros?—preguntó Ramón.
—No hace falta, tío, gracias. Tú y Bruno debéis hacer amistad ahora.[116]

La mecánica de la última corrección

La mejor manera de corregir un texto, después de varias leídas de comienzo a fin, es hacerlo de fin a comienzo. Es decir, recomenzar por la línea final del capítulo o sección, leyendo de atrás para adelante, línea por línea. Esto tiene la ventaja de no dejar que la atención se desvíe hacia el contenido historiado, y así poder concentrarse exclusivamente en la mecánica de la escritura. Es también una ocasión para ir corrigiendo los errores de formato, aunque esto va a necesitar otra mirada, posiblemente en el texto impreso y armados de un lápiz.

El papel del editor[117]

Cuando se hace necesaria la ayuda de un editor profesional, para asegurarse una presentación decente de un texto, es conveniente llegar a un acuerdo sobre cómo mostrar los cambios sugeridos, especialmente sobre asuntos estilísticos o de contenido. En estos aspectos, la persona que edita muestra cómo mejorar el texto, y la escritora sigue siendo dueña de sus errores y aciertos. Yo diría que *el editor propone, y el escritor dispone*. Pero en la mayoría de los casos, un buen editor o editora sabe lo que dice, ya que tiene en su haber la experiencia de toda una

---

[116] *Cuentos para "El soñador"*, de la autora.
[117] Es un error denominar *editor* a la editorial (*Publisher* en inglés), porque el editor o editora se refiere a la persona que edita, es decir, la que convierte un original en un libro, lo que incluye la corrección ortotipográfica y de estilo del texto. El término para la empresa o entidad que publica es *editorial* o *casa editorial* o *sello editorial*.

carrera. Es notable el hecho de que, mientras que los autores noveles son muy reacios a la corrección, los que ya han publicado normalmente agradecen el trabajo del editor-corrector y son conscientes de la necesidad de su "mano". La finalidad y el propósito del editor y del corrector es que el libro llegue a feliz término.

Casi todas las editoriales, cuando aceptan un trabajo, realizan su propia edición. Lo normal es que haya una buena comunicación con el autor y se "negocien" y acuerden los cambios, las posibles modificaciones, etc. Sobre todo, en relación al contenido. Es posible que la editorial no cuente con el autor ni lo consulte para el diseño de la portada o la tipografía utilizada que, en general, se adaptará al diseño de una colección ya existente.

EJERCICIO

Reescribir la oración corrigiendo la falta de concordancia sintáctica.

> Las reflexiones que acompañan a muchas de estas historias les confiere una dinámica interna que resuenan más allá de una limitante geografía, época y cultura.

Consulta la página de Respuestas y sugerencias.

Apéndice A: Respuesta a los ejercicios

Estos ejercicios no tienen una única respuesta correcta, de modo que aquí solo ofrecemos alternativas y sugerencias. Pon en marcha tu imaginación y crea otras.

Capítulo 2
1. Introducir una nueva perspectiva:
>Se encendieron las ventanas en la casa, y las luciérnagas en los árboles. Alguien había dejado prendida una televisión, o una radio, y desde el jardín se podía escuchar una sinfonía de Gustav Mahler. Las cuerdas desgranaban notas en descenso, **con un tono que me llenó de angustia.**

2. Reescribir el párrafo corrigiendo los tiempos verbales:
>a. En algún lugar, hacia el este, entre las hojas gigantescas de esa floresta, **se escondía** la ciudad de las pirámides, la que aún no largó todos sus secretos. Luis **se sentó** en la escalinata y **extrajo** su cuaderno de notas.
>
>b. En algún lugar, hacia el este, entre las hojas gigantescas de esa floresta, **se esconde** la ciudad de las pirámides, la que aún no largó todos sus secretos. Luis se **sienta** en la escalinata y **extrae** su cuaderno de notas.

Capítulo 3
1. Cambiar los dichos o refranes. Estas son algunas posibles ideas:
>**a.** No hay bien que por mal no venga.
>**b.** En boca cerrada no entra nada.
>**c.** El que mucho abarca no me aprieta.
>**d.** De tal palo tal garrote.

e. Donde comen dos, cuatro se quedan con hambre.
  f. Bien ajeno, rabia de envidiosos.

Capítulo 4

Reescribir las frases u oraciones…
1. …usando otro adjetivo:
   a. odiosa, penosa, llorosa, amarga, dolida, sufrida, mezquina, dolorosa, ciega… (Siendo Mario un pescador, raramente diría *atribulada, tétrica* o *funesta*).
   b. pudiente / acomodada / adinerada / próspera / privilegiada.
   c. corrosivo / deplorable / maléfico / lamentable / nefasto.

2. …sustituyendo muy, mucho y sus variantes:
   a. Sentía un cansancio… monumental / de siglos /cósmico
   b. Había un derroche de luces.
   c. Los que iban a golpear a su puerta ya eran legión.
   O: Ya eran multitud los que iban a golpear a su puerta.
   d. Desconocía el tamaño de su ignorancia.
   e. Aquello me trajo un caudal de recuerdos.
   f. Llegamos al cerro después de andar por un sendero que parecía interminable.

3. …sin adjetivos superfluos y creando otros:
   Un cielo… límpido / impecable / oceánico / impoluto

4. …sustituyendo los adverbios terminados en *-mente*:

Pablo entró a la sala con evidente agitación Me miró y luego dijo: he estado frenético tratando de llamarte y no me respondiste. ¡Justo un día como hoy no tenías en absoluto ninguna necesidad de salir!

5. ...cambiando lo negativo en afirmativo:
    a. Simplemente descartó, o, ignoró lo que le dije.
    b. Le conté todo lo que sabía, pero prefirió ignorarlo.
    O: restarle importancia.

6. ...con menos palabras:
    a. Sus manías no sorprendieron a nadie.
    A nadie sorprendieron sus manías.
    Sus manías eran predecibles.
    b. El presidente ruso le dio un beso en cada mejilla.

7. ...resumiendo el texto a 25 palabras o menos:
    Sube la escalera de pasamanos descolorido y sin los maceteros con flores que ella recordaba, siempre con la sensación de que la vivienda se ha encogido. (de *La fiesta del Chivo,* de Vargas Llosa).

8. Reescribir las frases...
    ...sin las palabras conectoras:
    a. La hija de Laura, también militante política, estaba casada.
    b. El Zorro, personaje muy famoso, fue un invento de J. McCulley.
    O: El famoso Zorro fue un invento de J. McCulley.
    c. Él le notó un lunar en el cuello cuando la besó.
    O: Al besarla, él le notó un lunar en el cuello.
    O: La besó, y le notó un lunar en el cuello.

9. …eliminando las estructuras simétricas en rima:
   a. Santo Tomás había dejado de ser la ciudad de ferias bulliciosa de antes, a cuyo puerto se arrimaban barcos de todas las riberas. Ahora, triste y vacía, había perdido su esplendor.
   b. El dolor en el pie aumentaba, con sensación de tirante abultamiento. Y de pronto el hombre sintió tres fulgurantes puntadas. ("A la deriva", cuento de Horacio Quiroga).

10. …introduciendo un elemento personal:
    Nunca me olvidaré de aquello.

11. …eliminando o cambiando los diminutivos:

    El pequeño estiró su brazo y un pajarillo se posó en su inocente mano. Pero otros no se animaron a acercarse. Una cotorrita vigilaba los movimientos con sus diminutos ojos, ladeando de vez en cuando la cabeza. Otras trataban de encontrar las minúsculas semillas que habían caído.

12. …resumiéndolo. Por ejemplo, como el original:

    Mi abuelo le encomendó a mi hermano la eutanasia de la gallina bataraza. Le alcanzó el hacha y le dijo:
    —É fácil. Con una mano la agarrás firme por el cuerpo, con la otra le das un golpe bien dado en el cogote, y pronto. ¡Y cuidado con los dedos!
    No necesitó más explicaciones. Esas gallinas ponedoras tienen el plumaje blanco y negro y él la iba a identificar de lejos entre las coloradas y hasta alguna blanca como la nieve de los Andes.

Aquel día vi a mi hermano llegar con el hacha a cuestas. No sé bien por qué me reclutó a mí para la lúgubre tarea. Dijo que necesitaba ayuda para atraer a la gallina, y me entregó una bolsa de papel con granos de maíz.

(129 palabras) (De *Los huesitos de mamá y otros relatos,* de la autora.)

Capítulo 5

Escribir las oraciones...

1. ...cambiando la voz pasiva por activa:

    Un grupo de vecinos corrió detrás del ladrón y al fin lo dominaron. Lo llevaron a la comisaría, y ahora el investigador lo está interrogando.

2. ...usando el concepto de *E-prime*:

    2.1. ...eliminando el verbo SER.

    a. ¡Qué **contraste** con mi primer novio!

    b. El agravio podía **tomar** muchas formas.

    c. Se **defendió** alegando que...

    2.2. ...eliminando el verbo ESTAR.

    a. El pasillo, pintado de azul, **servía** de sala de espera.

    b. **A esas alturas** del pánico...

    c. No tenía que explicar por qué **fruncía el ceño.**

    2.3. ...eliminando el verbo HABER.

    a. La pila **desborda** de platos.

    b. Una pirámide **dominaba** el centro de la plaza.

    c. Cientos de pájaros **cantaban** en los árboles.

    d. En el patio de mi casa **nos trepábamos** a los árboles.

2.4 …eliminando el verbo TENER.
  a. La curiosidad **me motivaba** a hallar el camino.
  b. **Pierdo** la paciencia con eso.
  c. **Temo** no llegar.
  d. Cuando **me libré** del miedo…

Capítulo 6

1. Transformar el estilo directo del diálogo en indirecto.
  a. <u>Presente</u>: Gana lleva al burro de las riendas. Le dice a Pihelo que le va a ser difícil resistir, pero Pihelo le responde que difícil es hilvanar un collar de estrellas.

  b. <u>Pasado</u>: Gana llevaba al burro de las riendas. Le dijo a Pihelo que le iba a ser difícil resistir, pero Pihelo le respondió que difícil era hilvanar un collar de estrellas.

2. Reescribir el comienzo de la historia.
Por ejemplo, de esta manera:

> Matilde revisa los diez mandamientos y al fin concluye que fornicar no es pecado, porque la Biblia dice: "No codiciar a la mujer del vecino". La Biblia dice: "No codiciar la mujer del vecino". ¡No se hace mención alguna del hombre de la vecina! Se va al patio y llama a través del muro que separa ambas casas.
> —Felipe, me quedé sin huevos…. [etc.]

O de esta otra:

> Matilde decide que fornicar no es pecado. Se va al patio y llama a su vecino a través del muro que separa ambas casas.

—Felipe, me quedé sin huevos. ¿Usted tendría dos para prestarme? Quería hacer una tortilla...
Matilde está sola en casa .... [etc.].

O modificando el texto y comenzando con la voz de Matilde:

—Felipe, me quedé sin huevos. ¿Usted tendría dos para prestarme? Quería hacer una tortilla... —le dice Matilde a su vecino, a través del muro que separa ambas casas. Ya revisó los diez mandamientos, y decide que fornicar no es pecado..., etc.

Capítulo 7
1. Reescribir la oración, corrigiendo los errores de concordancia.

Las reflexiones que acompañan a muchas de estas historias les <u>confieren</u> una dinámica interna que <u>resuena</u> más allá de una limitante geografía, época y cultura.

Apéndice B: La raya y el guion

1. LA RAYA

La **raya** (—) es una línea horizontal mayor que el guion. También se llama **guion largo**. Se utiliza en los siguientes casos:

a) <u>En los diálogos tradicionales</u>, para introducir las intervenciones de cada personaje, y en párrafo aparte (en lugar de la comilla del inglés).

—¿Viniste en bicicleta? —preguntó Amelia.
—No, vine andando —respondió él de mala gana.

Hay un espacio entre la raya y la palabra previa, pero no entre la raya y la siguiente palabra. La puntuación al término de la oración, ya sea esta una coma o punto o dos puntos, se coloca a continuación de la raya:

—¿Viniste en bicicleta? —preguntó Amelia.
—No, vine andando —respondió él de mala gana—. Me robaron la bicicleta.
O:
—No, vine andando —respondió él de mala gana—, bueno... corriendo.
O:
—No, vine andando—respondió él de mala gana, y enseguida cambió de tono—: Te traje un regalito.

b) La raya se usa también <u>para enmarcar</u> o destacar observaciones al margen, cuando se quiere dar mayor independencia a la frase o cuando ya hay otras comas en la oración. Puede ser en diálogo o no:

Antes de salir, Rafael siempre buscaba algo para llevarle a Amelia, una flor, un dulce —aunque a veces se lo comía por el camino—, pero nunca llegaba de manos vacías.

c) A veces se usa para <u>sustituir paréntesis</u>:

Amelia —cualquiera lo diría— apreciaba esos gestos.

O para evitar muchos signos idénticos:

El libro que escribió (que le llevó casi toda una vida —y lo digo sin exagerar—) se publicó después de su muerte.

2. EL GUION

El **guion** (-) es una línea horizontal bastante más corta que la raya. Se utiliza en estos casos:

a) Para dividir las palabras al final de un renglón. Tengamos en cuenta que la división en inglés es diferente. En español es después de la vocal; en inglés, después de la consonante.

—No, vine andando —respondió él de mala gana—: pero llovía mucho y estoy com- pletamente mojado.

b) Para separar los componentes de las palabras compuestas:

teórico-práctico.

c) Para indicar un intervalo numérico:
Estamos en el año académico 2020-2021.

Obras citadas

Alexis, André. *Feefteen Dogs*
Allende, Isabel. *Inés del alma mía*
Azuela, Mariano. *Los de abajo*
Belgrano Rawson, *Fuegia*
Belli, Gioconda. *El infinito en la palma de la mano*
Berlin, Lucía. *Manual para mujeres de limpieza*
Borges, Jorge Luis
---. *El Aleph.*
---. *Ficciones*
Camus, Albert. *El extranjero*
Carpentier, Alejo
---. *El reino de este mundo*
---. *Los pasos perdidos*
Castellanos, Rosario. *Oficio de tinieblas*
Cortázar, Julio. "Segunda vez" de *La autopista del sur y otras historias*
Darío, Rubén. *Cuentos y poesías*
Denevi, Marco. *Rosaura a las diez*
Diaz, Junot. *La breve y maravillosa vida de Óscar Wao*
Dickens, Charles. *A Tale of the Two Cities*
Donoso, José. *Lagartija sin cola*
Dueñas, María, *El tiempo entre costuras*
Fast, Julius. *Body Language*
Fuentes, Carlos
---. *Aura*
---. *La frontera de cristal*
García Marques, Gabriel
---. *Cien años de soledad*
---. *El otoño del patriarca*
Hernández, Miguel. *Elegía a Ramón Sijé.*
Kosik, Kenneth. "When Words Fail", *Nautilus*, N. 28

Bertolero, Max y Danielle Bassett. "How the Mind Emerges from the Brain's Complex Networks" *Scientific American,* July 2019

Modiano, Patrick. *Calle de las tiendas oscuras*
Montaner, Carlos Alberto. *Otra vez Adiós*
Montero, Rosa. *Historia del rey transparente*
Morris, Desmond. *El mono desnudo*
Murakami, Haruki. *De qué hablo cuando hablo de escribir*
Orwell, George. *El poder y la palabra*
Ospina, Williams. *El país de la canela*
Padura, Leonardo. *El hombre que amaba a los perros*
Paz, Octavio. Cuento: *El ramo azul*
Perez Galdós, Benito. *La sombra*
Pennebaker, James. *The secret life of pronouns*
Pérez-Reverte, Arturo. *El club Dumas*
Piglia, Ricardo. *Blanco nocturno*
Poniatowska, Elena. *Leonora*
Pron, Patricio. *Mañana tendremos otros nombres.*
Quevedo, Francisco de. *Soneto: Desde la torre*
Quiroga, Horacio
---. *Cuentos de amor, de locura y de muerte*
---. *Decálogo del perfecto cuentista.*
Restrepo, Laura
---. *La novia oscura*
---. *Pecado*
Roy, Arundhati. *El dios de las pequeñas cosas*
Rulfo, Juan
---. *El llano en llamas*
---. *Pedro Páramo*
Saramago, José
---. *La Caverna*
---. *Ensayo sobre la ceguera*

Sor Juana Inés de la Cruz
---. *Primero Sueño*
---. *Verde embeleso de la vida humana*
Storni, Alfonsina. *Llegará un día en que la raza humana…*
Unamuno, Miguel de
---. *Niebla*
---. *Soneto LXXXVIII*
Valenzuela, Luisa. *El mañana*
Vargas Llosa, Mario. *La Fiesta del Chivo*
Victoria, María de Lourdes
---. *Más allá de la justicia*
---. *La casa de los secretos*
Villoro, Juan. *La utilidad del deseo*
Wirkala, Rita.
---. *Cuentos para El Soñador*
---. *El Encuentro.*
---. *Las aguas del Kalahari*
---. *Los huesitos de mamá y otros relatos.*

www.ingramcontent.com/pod-product-compliance
Lightning Source LLC
Chambersburg PA
CBHW071450080526
44587CB00014B/2059